오하요 포인트 일본어

박윤옥 지음

신아사

머리말

2019년 7월, 일본 경제 산업성은 대한민국으로 수출 관리 규정을 개정하여 반도체, 디스플레이 공정 과정에 이용되는 포토레지스트(PR), 플루 오린화 수소, 플루 오린 폴리이미드(PI) 등 3개 품목에 대한 수출 규제를 7월 4일부터 시행할 것이라고 발표했다. 또한 대한민국을 외국환과 외국 무역 관리법에 따른 신뢰할 수 있는 대상인 '화이트 국가' 목록에서 제외하기로 하고 시행령의 개정을 위해 의견을 모집할 것이라고 발표했다.

이렇게 시작된 한일 무역전쟁은 아직도 해결의 조짐이 보이지 않는다. 한일이 1965년 외교관계를 맺고 나서 가장 큰 위기라 해도 과언이 아닐 것이다.

미·중 무역 전쟁, 미·EU 무역 전쟁 등 세계화를 표방하면서, 실제로는 보수주의, 국수주의 정책을 취하는 강대국들이 늘어나고 있는 것이 현실 세계의 흐름이다.

그러나 이와 같은 자기 나라 이익을 추구하는 국수주의도 결코 세계화 글로벌화의 거대한 물결을 거슬리지는 못할 것이다.

『오하요 포인트 일본어』는 총 15과로 본문, 새 단어, 해석, 문법 포인트, 패턴 연습으로 구성되어 있다. 일본어 교육의 초급 과정에서 익혀야 할 단어, 문장, 회화 연습을 포함하여 기술적인 일본어 향상을 위한 교재이다. 일본어 학습방법은 눈으로 이해하는 데 그치지 않고 반복적으로 어휘를 몸에 익히는 것이 중요하다. 『오하요 포인트 일본어』는 일본어 문자, 발음, 기본적인 인사말, 명사, 형용사, 동사의 부탁, 금지, 의무 표현을 다루고 있다.

여러분이 글로벌한 인재로 성장하기 위해 선택한 일본어 공부에 빠르게 실력 향상 하는데 도움이 되길 바라며, 이 책을 편찬하는데 여러모로 힘쓰고 고생해 주신 [도서출판] 신아사 관계자 여러분께 깊은 감사를 드린다.

두 번째 도쿄 올림픽을 앞두고

박 윤 옥

목차

附録

오하요
포인트 일본어

日本語

日本語란 ?

① 한국어와 어순이 거의 같고, 조사 사용도 비슷하다.

나 / 는	당신 / 을	사랑 / 하고	있습니다.
わたし / は	あなた / を	あい / して	います。

② 모음 · 자음 수가 적고, 음절 구조가 단순하며, 모음으로 끝나는 개음절이다.

서울 ソウル　　김치 キムチ

맥도널드 マクドナルド　　어머니 [オモニ]

③ 문자는 히라가나와 가타카나, 한자, 로마자, 숫자를 사용한다.

④ 동음어와 다의어가 많고, 용언이 활용한다.

⑤ 남녀가 쓰는 언어에 차이가 있다.

文字

【1】가나 (仮名)

1 히라가나 (平仮名)

헤이안(平安)시대 9~10세기 초 한자의 초서체를 바탕으로 성립된 문자이다. 주로 여자들이 사용하여「女手(おんなで)」라 부르고, 현대 일본어는 주로 히라가나와 한자를 혼용하여 쓰고 있다.

无 ん	和 わ	良 ら	也 や	末 ま	波 は	奈 な	太 た	左 さ	加 か	安 あ
	爲 ゐ	利 り		美 み	比 ひ	仁 に	知 ち	之 し	機 き	以 い
		留 る	由 ゆ	武 む	不 ふ	奴 ぬ	川 つ	寸 す	久 く	宇 う
	恵 ゑ	礼 れ		女 め	部 へ	祢 ね	天 て	世 せ	計 け	衣 え
	遠 を	呂 ろ	与 よ	毛 も	保 ほ	乃 の	止 と	曽 そ	己 こ	於 お

2 가타카나 (片仮名(かたかな))

헤이안(平安)시대 초기 승려들이 불전의 주석을 달기 위해, 한자의 일부분을 따서 만든 문자이다. 「片(かた)」은 「조각」「불완전」이란 의미이며, 기호적인 성격을 띠므로 주로 외래어, 외국 나라명 · 지명 · 인명, 의성어 · 의태어, 강조어에 사용한다.

ア 阿	イ 伊	ウ 宇	エ 江	オ 於
カ 加	キ 機	ク 久	ケ 介	コ 己
サ 散	シ 之	ス 須	セ 世	ソ 曽
タ 多	チ 千	ツ 川	テ 天	ト 止
ナ 奈	ニ 仁	ヌ 奴	ネ 祢	ノ 乃
ハ 八	ヒ 比	フ 不	ヘ 部	ホ 保
マ 末	ミ 三	ム 牟	メ 女	モ 毛
ヤ 也		ユ 由		ヨ 與
ラ 良	リ 利	ル 流	レ 礼	ロ 呂
ワ 和	ヰ 井		ヱ 恵	ヲ 乎
ン 尓				

◇ 참고 ◇

오십음도 (五十音図(ごじゅうおんず))

가나를 발음 체계에 따라, 5字씩 10行인 50字를 배열한 것이다. 같은 자음을 행(行), 같은 모음을 단(段)이라고 부른다. 이것은 일본어 음운(音韻)일람표 또는 가나 자모표(字母表)로 사용된다.

★ 히라가나 오십음도

あ	か	さ	た	な	は	ま	や	ら	わ
い	き	し	ち	に	ひ	み		り	
う	く	す	つ	ぬ	ふ	む	ゆ	る	
え	け	せ	て	ね	へ	め		れ	
お	こ	そ	と	の	ほ	も	よ	ろ	を

★ 가타가나 오십음도

ア	カ	サ	タ	ナ	ハ	マ	ヤ	ラ	ワ
イ	キ	シ	チ	ニ	ヒ	ミ		リ	
ウ	ク	ス	ツ	ヌ	フ	ム	ユ	ル	
エ	ケ	セ	テ	ネ	ヘ	メ		レ	
オ	コ	ソ	ト	ノ	ホ	モ	ヨ	ロ	ヲ

【2】 한자 (漢字(かんじ))

공식적으로 4~5세기 초 백제 왕인 박사(천자문, 논어)를 통해서 일본에 들어 왔고, 현재 사용되는 기준 한자는 상용한자(2136字)이다. 한자의 자체(字体)는 약자(略字) 또는 속자(俗子) 및 획을 달리 사용하기도 한다.

보통 音+音, 訓+訓으로 읽는다. 그 외에 音+訓 즉 重箱読み(じゅうばこよ), 訓+音 즉 湯桶読み(ゆとうよ)도 있다.

예) 音+音 → 先生 (せんせい)　外国 (がいこく)

訓+訓 → 母親 (ははおや)　青空 (あおぞら)

音+訓 → 無口 (むくち)　仕事 (しごと)

毎朝 (まいあさ)　本物 (ほんもの)

台所 (だいどころ)

訓+音 → 手本 (てほん)　場面 (ばめん)

身分 (みぶん)　見本 (みほん)

荷物 (にもつ)

第1課 문자와 발음

【1】 청음(清音)

せいおん

あ행	あ	い	う	え	お
	a	i	u	e	o

あい(사랑)　いい(좋다)　うえ(위)　いえ(집)　あお(파랑)

★ う는〔우〕와〔으〕중간 음으로,〔으〕에 더 가깝다.

か행	か	き	く	け	こ
	ka	ki	ku	ke	ko

かお(얼굴)　えき(역)　いく(가다)　け(털)　ここ(여기)

さ행	さ	し	す	せ	そ
	sa	shi	su	se	so

あさ(아침)　しお(소금)　すし(초밥)　せき(자리)　うそ(거짓말)

た행

た	ち	つ	て	と
ta	chi	tsu	te	to

うた(노래)　　ちち(아버지)　　あつい(덥다, 뜨겁다, 두껍다)
て(손)　　とき(때)

★ た행에는 자음이 3개 있다.

な행

な	に	ぬ	ね	の
na	ni	nu	ne	no

あなた(당신)　にく(고기)　いぬ(개)　ねこ(고양이)　あの(저)

は행

は	ひ	ふ	へ	ほ
ha	hi	fu	he	ho

はな(꽃)　ひと(사람)　ふね(배)　へた(못하다)　ほし(별)

★ 조사「は」「へ」는 [wa] [e]로 읽는다.

ま행

ま	み	む	め	も
ma	mi	mu	me	mo

なまえ(이름)　　かみ(신, 종이, 머리카락)　　のむ(마시다)
あめ(비)　　もち(떡)

や행

や	ゆ	よ
ya	yu	yo

やま(산)　　ゆき(눈)　　よこ(옆)

ら행

ら	り	る	れ	ろ
ra	ri	ru	re	ro

さら(접시)　　とり(새, 닭)　　はる(봄)
これ(이것)　　いろいろ(여러가지)

わ행

わ	を
wa	o

わたし(나)　　わるい(나쁘다)　　これを(이것을)

★ 조사「を」는 목적격〔을, 를〕에만 사용한다.

【2】 탁음(濁音)

だくおん

か행, さ행, た행, は행 오른쪽 위에 탁음 부호(にごり) ゛를 붙인다.

が행

が	ぎ	ぐ	げ	ご
ga	gi	gu	ge	go

えいが(영화) うわぎ(웃옷) すぐ(곧)
げた(나막신) ごご(오후)

ざ행

ざ	じ	ず	ぜ	ぞ
za	ji	zu	ze	zo

ざる(소쿠리) じ(시) みず(물)
かぜ(바람, 감기) かぞく(가족)

だ행

だ	ぢ	づ	で	ど
da	ji	zu	de	do

だれ(누구) はなぢ(코피) こづつみ(소포)
そで(소매) どこ(어디)

★ じ와 ぢ, ず와 づ는 글자는 다르지만, 발음은 같다. じ와 ず를 주로 사용하고, ぢ와 づ는 합성어, 같은 문자 반복시 사용한다.

ば행	ば	び	ぶ	べ	ぼ
	ba	bi	bu	be	bo

ばか(바보)　　くび(목)　　ぶた(돼지)
かべ(벽)　　ぼうし(모자)

【3】 반탁음(半濁音(はんだくおん))

は행에만 오른쪽 위에 동그라미 ° 를 붙인다.

ぱ행	ぱ	ぴ	ぷ	ぺ	ぽ
	pa	pi	pu	pe	po

ぱぱ(아빠)　　ぴかぴか(반짝반짝)　　てんぷら(튀김)
ぺこぺこ(배고프다)　　さんぽ(산책)

【4】 요음(拗音)

ようおん

い를 제외한 い단 き, ぎ, し, じ, ち, ぢ, に, ひ, び, ぴ, み, り 뒤에 ゃ ゅ ょ를 작게 붙여 쓴다. 두 글자를 합쳐 1 박자로 발음한다.

예) 미용원 (び / よ / う / い / ん) → 5 박자
병원 (びょ / う / い / ん) → 4 박자

きゃ kya	きゅ kyu	きょ kyo

きゃく(손님)　　やきゅう(야구)　　きょう(오늘)

しゃ sha	しゅ shu	しょ sho

かいしゃ(회사)　　しゅみ(취미)　　じしょ(사전)

ちゃ cha	ちゅ chu	ちょ cho

おちゃ(차)　　ちゅうい(주의)　　ちょうど(딱, 마침)

にゃ	にゅ	にょ
nya	nyu	nyo

こんにゃく(곤약)　にゅうがく(입학)　にょうぼう(아내)

ひゃ	ひゅ	ひょ
hya	hyu	hyo

ひゃく(100)　ヒューマン(휴먼)　ひょうか(평가)

みゃ	みゅ	みょ
mya	myu	myo

みゃく(맥)　ミュージカル(뮤지컬)　みょうじ(성)

りゃ	りゅ	りょ
rya	ryu	ryo

りゃくじ(약자)　りゅうがく(유학)　りょうり(요리)

ぎゃ	ぎゅ	ぎょ
gya	gyu	gyo

ぎゃく(반대)　ぎゅうにゅう(우유)　ぎょうじ(행사)

じゃ	じゅ	じょ
ja	ju	jo

じゃま(방해)　じゅうしょ(주소)　じょせい(여성)

ぢゃ	ぢゅ	ぢょ
ja	ju	jo

はぢゃ(엽차)　よぢゅう(밤중)　えぢょうちん(그림등불)

★ 발음은 じゃ じゅ じょ와 같다.

びゃ	びゅ	びょ
bya	byu	byo

さんびゃく(300)　びゅうびゅう(웽웽)　びょういん(병원)

ぴゃ	ぴゅ	ぴょ
pya	pyu	pyo

ろっぴゃく(600)　　ピューマ (퓨마)　　ぴょこぴょこ(깡총깡총)

【5】 촉음(促音)

そくおん, つまるおん이라 부르며 か, さ, た, ぱ행 앞에만 위치하고 작게 「っ」라고 쓴다. か행 앞에서는 [k], さ행 앞에서는 [s], た행 앞에서는 [t], ぱ행 앞에서는 [p] 발음으로 1박자를 취한다.

예) 우표 (き / っ / て) → 3 박자
오고 (き / て) → 2 박자

っ＋행 → 발음	예		
っ＋か행 → [k]	さっか(작가)	いっき(원샷)	ゆっくり(천천히)
っ＋た행 → [t]	いったい(도대체)	きって(우표)	おっと(남편)
っ＋ぱ행 → [p]	いっぱい(한잔, 가득)	きっぷ(표)	しっぽ(꼬리)
っ＋さ행 → [s]	ざっし(잡지)	けっせき(결석)	

【6】 발음(撥音)

「ん」은 はつおん, はねるおん이라고 하며, 어두에 오지 않고, 1박자를 취한다. ば · ぱ · ま행 앞에서는 [m], ざ · た · だ · な · ら행 앞에서는 [n], か · が행 앞에서는 [ŋ], あ · さ · は · や · わ행 앞, 말끝에서는 [N]으로 [n]과 [ŋ]의 중간 음으로 발음한다.

예) 화재 (か / じ) → 2 박자
한자 (か / ん / じ) → 3 박자

ん + 행 → 발음	예	
ん+ば, ぱ, ま행 → [m]	けんぶつ(구경) さんま(꽁치)	かんぱい(건배)
ん+ざ, た, だ, な, ら행 → [n]	ばんざい(만세) せんたく(세탁)	おんど(온도) あんな(저런)
ん+か, が행 → [ŋ]	げんき(힘)	おんがく(음악)
ん+あ, さ, は, や, わ행 → [N]	れんあい(연예) ほんや(책방)	よんはい (4잔) でんわ(전화)

【7】 장음(長音(ちょうおん))

히라가나에서는 あ단+あ, い단+い, う단+う, え단+え, お단+お, え단+い, お단+う로 표기하고 길게 발음한다. 가타가나에서는 장음표기 ー가 붙는다. 음의 길이에 따라 뜻이 달라진다.

예) 할아버지 (お / じ / い / さ / ん) → 5 박자
아저씨 (お / じ / さ / ん) → 4 박자
고교 (こ / う / こ / う) → 4 박자
여기 (こ / こ) → 2 박자

<table>
<tr><th colspan="2">단 + 모음 → 장음화</th><th colspan="2">예</th></tr>
<tr><td colspan="2">あ단 + あ　→　[aː]</td><td>おかあさん(어머니)</td><td>おばあさん(할머니)</td></tr>
<tr><td colspan="2">い단 + い　→　[iː]</td><td>おにいさん(형, 오빠)</td><td>いいえ(아니요)</td></tr>
<tr><td colspan="2">う단 + う　→　[uː]</td><td>すうじ(숫자)</td><td>くうき(공기)</td></tr>
<tr><td rowspan="2">え단</td><td>+ え　→　[eː]</td><td>おねえさん(누나, 언니)</td><td>ええ(네)</td></tr>
<tr><td>+ い　→　[eː]</td><td>えいご (영어)</td><td>せんせい(선생님)</td></tr>
<tr><td rowspan="2">お단</td><td>+ お　→　[oː]</td><td>おおさか(오사카)</td><td>こおり(얼음)</td></tr>
<tr><td>+ う　→　[oː]</td><td>おとうさん(아버지)</td><td>とうきょう(도쿄)</td></tr>
</table>

※ 先生 (선생님)은 자칫 2박자 [센 / 세]로 읽을 수가 있으나, (せ / ん / せ / い) 4 박자 [세 / ㄴ / 세 / 一]로 발음한다.

참고 모음의 무성음화

★ く + さ행 → く의 [u]가 무성음화 된다.

たくさん(많이) おくさん(부인) こくさい(국제)
がくせい(학생) やくそく(약속)

★ 문말「です」「ます」→ [u]가 무성음화 된다.

第2課　あいさつ

おはようございます。

안녕하세요. (아침)

こんにちは。

안녕하세요. (점심)

こんばんは。

안녕하세요. (저녁)

おひさしぶりです。

오래간만입니다.

おげんきですか。

건강하세요.

おかげさまで。

덕분에.

いい てんきですね。

좋은 날씨군요.

あついですね。

덥군요.

さむいですね。

춥군요.

ありがとうございます。

감사합니다.

どういたしまして。

천만에요.

すみません。

미안합니다.

おめでとうございます。

축하합니다.

では、また。

그럼, 또.

さようなら。

안녕히 가(계)세요.

おやすみなさい。

안녕히 주무세요.

しつれいします。

실례하겠습니다.

いただきます。

잘 먹겠습니다.

ごちそうさま(でした)。

잘 먹었습니다.

いっていらっしゃい。

안녕히 다녀오세요.

いってきます。

다녀오겠습니다.

ただいま。

다녀왔습니다.

おかえりなさい。

안녕히 다녀오셨습니까?

いらっしゃいませ。

어서 오세요.

ください。

주세요.

ごくろうさまでした。

수고했습니다.

おつかれさまでした。

고생하셨습니다.

では、はじめましょう。

그럼, 시작합시다.

(　　　)さん、よんで ください。

(　　　)씨 읽어 주세요.

もう いちど いって ください。

다시 한 번 말해 주세요.

よく きいて ください。

잘 들어 주세요.

みなさん、わかりましたか。

여러분, 알겠습니까?

はい、わかりました。

네, 알겠습니다.

いいえ、よく わかりません。

아니요, 잘 모르겠습니다.

よく できました。

잘했습니다.

きょうは ここまで。

오늘은 여기까지.

おしえて ください。

가르쳐 주세요.

(　　　)は にほんごで なんですか。

(　　　)은 일본어로 무엇입니까?

새 단어

今日(こんにち) 오늘

かげ 그늘

暑(あつ)い 덥다

休(やす)み 쉼, 휴식

今(いま) 지금

始(はじ)める 시작하다

一度(いちど) 한번

みなさん 여러분

できる 가능하다, 할 수 있다

教(おし)えて 가르쳐

今晩(こんばん) 오늘밤

さま 님

寒(さむ)い 춥다

失礼(しつれい) 실례

帰(かえ)り 귀가

さん 씨

言(い)って 말해

分(わ)かる 알다

今日(きょう) 오늘

日本語(にほんご) 일본어

ぶり 만

いい 좋다

では 그럼

ごちそう 진수성찬

苦労(くろう) 고생

読(よ)んで 읽어

よく 잘

はい 네

ここ 여기

何(なん) 무엇

元気(げんき) 원기, 건강

天気(てんき) 날씨

また 또

只(ただ) 단, 다만

疲(つか)れ 피곤

もう 다시

聞(き)いて 들어

いいえ 아니오

まで 까지

第3課　おはようございます

佐藤：　田中先生、おはようございます。

田中：　あ、佐藤さん、おはよう。

　　　　あのう、こちらは 李さんです。

李　：　はじめまして。私は 李です。

　　　　どうぞ よろしく おねがいします。

佐藤：　はじめまして。佐藤と 申します。

　　　　こちらこそ よろしく おねがいします。

　　　　李さんは 大学生ですか。

李　：　はい。大学の 1 ねんせいです。

佐藤：　私は 2 ねんせいです。専攻は 何ですか。

李　：　日本語です。

佐藤：　そうですか。がんばって ください。

李　：　ありがとうございます。

佐藤：　先生、私は これで 失礼します。

田中：　そうですか。じゃ、また。

새 단어

先生(せんせい) 선생님	さん 씨	あのう 저~	こちら 이쪽
は 은, 는	です 입니다	はじめまして 처음뵙겠습니다	
私(わたし) 저, 나	どうぞ よろしく おねがいします 부디 잘 부탁합니다		
と申(もう)します 라고 합니다	こちらこそ 저야말로	大学生(だいがくせい) 대학생	ですか 입니까
1(いち)ねんせい 1학년	2(に)ねんせい 2학년	専攻(せんこう) 전공	日本語(にほんご) 일본어
そうです 그렇습니다	がんばって ください 열심히 하세요.		これで 이것으로

佐藤(さとう) : 다나카 선생님, 안녕하세요?

田中 : 아, 사토 씨, 안녕하세요? 저, 이쪽은 이 씨입니다.

李 : 처음 뵙겠습니다. 저는 이입니다. 잘 부탁합니다.

佐藤(さとう) : 처음 뵙겠습니다. 사토라고 합니다.
저야말로 잘 부탁합니다. 이 씨는 대학생입니까?

李 : 네, 대학교 1학년입니다.

佐藤 : 저는 2학년입니다. 전공은 뭐예요?

李 : 일본어입니다.

佐藤 : 그렇습니까? 열심히 하세요.

李 : 감사합니다.

佐藤 : 선생님, 저는 이것으로 실례하겠습니다.

田中 : 그렇습니까? 그럼, 또.

● 문법 포인트

1 ~は [wa] : 은, 는

私(わたし)は 朴です。

李さんは 学生(がくせい)です。

専攻(せんこう)は 日本語(にほんご)です。

こちらは 田中先生(たなかせんせい)です。

2 ~です : ~ 입니다

山田先生(やまだせんせい)です。　山田(やまだ)です。

佐藤(さとう)さんです。　佐藤(さとう)です。

李さんです。　李です。

3 ~ですか : ~ 입니까?

大学生(だいがくせい)ですか。

先生(せんせい)ですか。

そうですか。

何(なん)ですか。

4 ~の : ~ 의

大学(だいがく)の 1(いち)ねんせいです。

大学(だいがく)の 友(とも)だちです。

大学(だいがく)の 先輩(せんぱい)です。

大学(だいがく)の 後輩(こうはい)です。

日本大学(にほんだいがく) cf 日本(にほん)の大学(だいがく)　　田中先生(たなかせんせい) cf 田中(たなか)の先生(せんせい)

새 단어

友(とも)だち 친구　　先輩(せんぱい) 선배　　後輩(こうはい) 후배

● 패턴 연습

1

A： (李)さん、こちらは { 佐藤(さとう) } さんです。

B： はじめまして。(李)です。どうぞ よろしく。

C： はじめまして。{ 佐藤(さとう) } です。どうぞ よろしく。

2

A： (　　　)さんは 学生(がくせい)ですか。

B： はい、私(わたし)は 学生(がくせい)です。

A： (　　　)さんは 友(とも)だちですか。

B： はい、私(わたし)は 友(とも)だちです。

A： (　　　)さんは 先生(せんせい)ですか。

B： いいえ、私(わたし)は 大学生(だいがくせい)です。

A： (　　　)さんは 先輩(せんぱい)ですか。

B： いいえ、私(わたし)は 後輩(こうはい)です。

3

A： (　　　)さんは 何(なん) 年生(ねんせい)ですか。

B： 私(わたし)は 1(いち) 年生(ねんせい)です。

A： (　　　)さんは 何(なん) 年生(ねんせい)ですか。

B： 私(わたし)は 2(に) 年生(ねんせい)です。

A： (　　　)さんは 何(なん) 年生(ねんせい)ですか。

B： 私(わたし)は 3(さん) 年生(ねんせい)です。

A： (　　　)さんは 何(なん) 年生(ねんせい)ですか。

B： 私(わたし)は 4(よ) 年生(ねんせい)です。

4 A： 専攻(せんこう)は 何(なん)ですか。

B： (　　　)です。

① 英語(えいご)

② 経済(けいざい)

③ 歴史(れきし)

④ 音楽(おんがく)

새 단어

3年生(さんねんせい) 3학년　　4年生(よねんせい) 4학년　　英語(えいご) 영어　　経済(けいざい) 경제

歴史(れきし) 역사　　音楽(おんがく) 음악

第4課　日本語(にほんご)の 本(ほん)は どれですか

李　：これは 何(なん)ですか。

佐藤：それは 新聞(しんぶん)です。

李　：何(なん)の 新聞(しんぶん)ですか。

佐藤：日本語(にほんご)の 新聞(しんぶん)です。

李　：日本語(にほんご)の 本(ほん)は どれですか。

佐藤：日本語(にほんご)の 本(ほん)は あれです。

李　：これは 時計(とけい)ですか。

佐藤：はい、そうです。

李　：それも 時計(とけい)ですか。

佐藤：いいえ、これは 時計(とけい)では ありません。
　　　けいたいです。

李　：あれは 何(なん)ですか。

佐藤：あれは 鉛筆(えんぴつ)です。

李　：じゃ、あれも 鉛筆(えんぴつ)ですか。

佐藤：いいえ、あれは 鉛筆(えんぴつ)でも ボールペンでも ありません。
　　　お箸(はし)です。

새 단어

これ 이것　それ 그것　あれ 저것　どれ 어느 것

新聞(しんぶん) 신문　本(ほん) 책　時計(とけい) 시계　~も 도

いいえ 아니오　~ではありません ~이 아닙니다　けいたい 핸드폰

鉛筆(えんぴつ) 연필　ボールペン 볼펜　~でも~でもありません ~도 ~도 아닙니다

お箸(はし) 젓가락

李　：　이것은 무엇입니까?
佐藤：　그것은 신문입니다.
李　：　무슨 신문입니까?
佐藤：　일본어 신문입니다.
李　：　일본어 책은 어느 것입니까?
佐藤：　일본어 책은 저것입니다.
李　：　이것은 시계입니까?
佐藤：　네, 그렇습니다.
李　：　그것도 시계입니까?
佐藤：　아니요, 이것은 시계가 아닙니다. 핸드폰입니다.
李　：　저것은 뭐예요?
佐藤：　저것은 연필입니다.
李　：　그럼, 저것도 연필입니까?
佐藤：　아니요, 저것은 연필도 볼펜도 아닙니다.
　　　　젓가락입니다.

문법 포인트

1 こ・そ・あ・ど : 이・그・저・어느 (지시어 : 사물)

これです。

あれは 何(なん)ですか。

どれですか。

2 ～も : ～도

これも 時計(とけい)です。

私(わたし)も 学生(がくせい)です。

あなたも 1年生(いちねんせい)ですか。

3 何(なん)の ～ : 무슨 ～

何(なん)の 会社(かいしゃ)ですか。

何(なん)の 電話(でんわ)ですか。

4 ～では ありません。 (じゃ ありません) : ～이 아닙니다

私(わたし)では ありません。

あなたじゃ ありません。

これでは ないです。

明日(あした)じゃ ないです。

5 ～でも ありません : ～도 아닙니다

そうでも ありません。

けいたいでも ありません。

鉛筆(えんぴつ)でも お箸(はし)でも ありません。

새 단어

会社(かいしゃ) 회사　電話(でんわ) 전화　あなた 당신, 너　明日(あした) 내일

● 패턴 연습

1 A： これは 何(なん)ですか。

B： それは (　　　　)です。

① 本(ほん)　　　　② 鉛筆(えんぴつ)

A： それは 何(なん)ですか。

B： これは (　　　　)です。

① 新聞(しんぶん)　　　　② 時計(とけい)

A： あれは 何(なん)ですか。

B： あれは (　　　　)です。

① 皿(さら)　　　　② 帽子(ぼうし)

A： けいたいは どれですか。

B： (　　　　)です。

① これ　　② それ　　③ あれ

2 A： これは 何(なん)の 本(ほん)ですか。

B： (　　　　)の 本(ほん)です。

① 日本語(にほんご)　　② 英語(えいご)　　③ 歴史(れきし)

3 A： これは (　　　　)ですか。

B： はい、それは (　　　　)です。

いいえ、それは (　　　　)では ありません。

① 時計(とけい)　　　　② 鉛筆(えんぴつ)

A： それは あなたの (　　　　)ですか。

B： はい、これは 私(わたし)の (　　　　)です。

いいえ、これは 私(わたし)の (　　　　)では ありません。

① 財布(さいふ)　　　　② 切符(きっぷ)

A： 木村(きむら)さんも (　　　　)ですか。

B： はい、木村(きむら)さんも (　　　　)です。

いいえ、木村(きむら)さんは (　　　　)では ありません。

① 会社員(かいしゃいん)　　　　② 公務員(こうむいん)

새 단어

皿(さら) 접시　　帽子(ぼうし) 모자　　財布(さいふ) 지갑　　切符(きっぷ) 표

会社員(かいしゃいん) 회사원　　公務員(こうむいん) 공무원

第5課　あれは 誰(だれ)の 車(くるま)ですか

李　：あの人(ひと)は 誰(だれ)ですか。

佐藤：あの人(ひと)は 鈴木先生(すずきせんせい)です。

李　：何(なん)の 先生(せんせい)ですか。

佐藤：中国語(ちゅうごくご)の 先生(せんせい)です。

李　：では、鈴木先生(すずきせんせい)は 中国人(ちゅうごくじん)ですか。

佐藤：いいえ、日本人(にほんじん)です。

李　：吉田先生(よしだせんせい)も 中国語(ちゅうごくご)の 先生(せんせい)ですか。

佐藤：いいえ、吉田先生(よしだせんせい)は 英語(えいご)の 先生(せんせい)です。

李　：では、この 方(かた)も 先生(せんせい)ですか。

佐藤：いいえ、その 方(かた)は 先生(せんせい)の お友(とも)だちで、銀行員(ぎんこういん)です。

李　：そうですか。あれは 誰(だれ)の 車(くるま)ですか。

佐藤：あれですか。あれは 私(わたし)の 車(くるま)です。

李　：この 傘(かさ)も 佐藤(さとう)さんのですか。

佐藤：いいえ、それは 私(わたし)のでは ありません。
田中先生(たなかせんせい)のです。

새 단어

この 이	その 그	あの 저	どの 어느
人(ひと) 사람	誰(だれ) 누구	中国語(ちゅうごくご) 중국어	中国人(ちゅうごくじん) 중국인
日本人(にほんじん) 일본인	方(かた) 분	お友(とも)だち 친구분	~で~ 이고
銀行員(ぎんこういん) 은행원	車(くるま) 차	傘(かさ) 우산	の 것

李 : 저 사람은 누구입니까?

佐藤 : 저 사람은 스즈키 선생님입니다.

李 : 무슨 선생님입니까?

佐藤 : 중국어 선생님입니다.

李 : 그럼, 스즈키 선생님은 중국인입니까?

佐藤 : 아니요, 일본인입니다.

李 : 요시다 선생님도 중국어 선생님입니까?

佐藤 : 아니요, 요시다 선생님은 영어 선생님입니다.

李 : 그럼, 이 분도 선생님입니까?

佐藤 : 아니요, 그 분은 선생님 친구 분이고, 은행원입니다.

李 : 그렇습니까? 저것은 누구 차입니까?

佐藤 : 저거말예요? 저것은 제 차입니다.

李 : 이 우산도 사토 씨 것입니까?

佐藤 : 아니요, 그것은 제 것이 아닙니다.
다나카 선생님 것입니다.

● 문법 포인트

1 こ·そ·あ·ど : 이·그·저·어느 (연체사)

この 本(ほん)です。

その 眼鏡(めがね)では ありません。

あの 建物(たてもの)では ありませんか。

どの 先生(せんせい)ですか。

2 명사 の 명사 : 의 (조사)

英語(えいご) の 先生(せんせい)です。

誰(だれ) の 友(とも)だちですか。

あなた の 切手(きって)では ありません。

日本(にほん) の デジカメでも ありません。

3 ~の : ~것, 짜리 (형식명사)

私(わたし)のです。

誰(だれ)のですか。

韓国(かんこく)のです。

熱(あつ)いの ください。

4 ～で : ～이고

私(わたし)は 韓国人(かんこくじん)で、銀行員(ぎんこういん)です。

これは お水(みず)で、あれは お酒(さけ)です。

林(はやし)さんは 日本人(にほんじん)で、林(りん)さんは 中国人(ちゅうごくじん)です。

これは 田中(たなか)さんので、あれは 鈴木(すずき)さんのです。

새 단어

眼鏡(めがね) 안경	建物(たてもの) 건물	切手(きって) 우표	デジカメ 디카
韓国(かんこく) 한국	熱(あつ)い 뜨겁다	韓国人(かんこくじん) 한국인	お水(みず) 물
お酒(さけ) 술			

● 패턴 연습

1 A： この 人(ひと)は 誰(だれ)ですか。

B： その 人(ひと)は (　　　　)です。

① 渡辺(わたなべ)さん　　　② 私(わたし)の 母(はは)

A： あの 方(かた)は どなたですか。

B： あの 方(かた)は (　　　　)です。

① 日本語(にほんご)の 先生(せんせい)

② 鈴木(すずき)さんの お母(かあ)さん

2 A： (　　　　)さんは (　　　　)ですか。

B： はじめまして。(　　　　)の (　　　　)です。

① 金　韓国人(かんこくじん)　韓国(かんこく)

② リンダ　アメリカ人(じん)　アメリカ

③ 木村(きむら)　日本人(にほんじん)　日本(にほん)

3 A： これは 誰(だれ)の (　　　　)ですか。

B： 吉田(よしだ)先生(せんせい)の (　　　　)です。

① 花(はな)　　② 薬(くすり)　　③ 消(け)しゴム

4 A： この (　　　　)も あなたのですか。

B： はい、私(わたし)のです。

① 写真(しゃしん)　　② 雑誌(ざっし)　　③ 辞書(じしょ)

5 A： この お菓子(かし)は (　　　　)のですか。

B： いいえ、(　　　　)のでは ありません。

① 韓国(かんこく)　　② 日本(にほん)　　③ 中国(ちゅうごく)

새 단어

母(はは) 엄마	どなた 어느 분	お母(かあ)さん 어머니	アメリカ人(じん) 미국인
アメリカ 미국	花(はな) 꽃	薬(くすり) 약	消(け)しゴム 지우개
写真(しゃしん) 사진	雑誌(ざっし) 잡지	辞書(じしょ) 사전	お菓子(かし) 과자

第6課　ここは どこですか

李　：ここは どこですか。

佐藤：私(わたし)の 部屋(へや)です。どうぞ。

李　：はい、お邪魔(じゃま)します。部屋(へや)の 中(なか)に 何(なに)が ありますか。

佐藤：本棚(ほんだな)、机(つくえ)、椅子(いす) などが あります。

李　：コンピューターは どこに ありますか。

佐藤：あそこ。あの 机(つくえ)の 上(うえ)に あります。

李　：テレビは ありませんね。近(ちか)くに 本屋(ほんや)も ありますか。

佐藤：はい、あの 建物(たてもの)の 前(まえ)に あります。

駅(えき)は その 後(うし)ろに あります。

李　：朴さんは まだですか。

佐藤：そうですね。もしもし。朴さん、どこに いますか。

朴　：まだ 学校(がっこう)です。林(はやし)さんも ここに います。

佐藤：また 誰(だれ)が いますか。

朴　：山田(やまだ)先生(せんせい)も 一緒(いっしょ)です。

佐藤：じゃ、木村(きむら)さんは いませんか。

朴　：そうですね。木村(きむら)さんは どこにも いませんね。

새 단어

ここ 여기	そこ 거기	あそこ 저기	どこ 어디
部屋(へや) 방	どうぞ 자, 어서	お邪魔(じゃま)します 방해(실례)하겠습니다	
中(なか) 안, 속	に 에	何(なに) 무엇	が 이, 가
あります 있습니다	ありますか 있습니까	本棚(ほんだな) 책꽂이	机(つくえ) 책상
椅子(いす) 의자	など 등	コンピューター 컴퓨터	上(うえ) 위
テレビ 테레비	ありません 없습니다	~ね ~지요, 군요	近(ちか)く 근처
本屋(ほんや) 책방	前(まえ) 앞	駅(えき) 역	後(うし)ろ 뒤
まだ 아직	そうですね 글쎄요	もしもし 여보세요	います 있습니다
いますか 있습니까	学校(がっこう) 학교	一緒(いっしょ) 같이, 함께	いません 없습니다

李 : 여기는 어디입니까?

佐藤 : 제 방입니다. 자~.

李 : 네, 실례하겠습니다. 방 안에 무엇이 있습니까?

佐藤 : 책꽂이, 책상, 의자 등이 있습니다.

李 : 컴퓨터는 어디에 있습니까?

佐藤 : 저기. 저 책상 위에 있습니다.

李 : 텔레비전은 없군요. 근처에 서점도 있습니까?

佐藤 : 네, 저 건물 앞에 있습니다. 역은 그 뒤에 있습니다.

李 : 박 씨는 아직 인가요?

佐藤 : 글쎄요. 여보세요. 박 씨, 어디에 있습니까?

朴 : 아직 학교입니다. 하야시 씨도 여기에 있습니다.

佐藤 : 또 누가 있습니까?

朴 : 야마다 선생님도 함께입니다.

佐藤 : 그럼, 기무라 씨는 없나요?

朴 : 글쎄요. 기무라 씨는 아무데도 없네요.

● 문법 포인트

1 こ·そ·あ·ど : 이·그·저·어느 (장소)

トイレは ここです。

あそこは 公園では ありません。

部長は どこですか。

2 あります, ありません : 있습니다, 없습니다 (사물, 식물)

ここに 薬屋が あります。

新宿駅は どこに ありますか。

3 います, いません : 있습니다, 없습니다 (사람, 동물)

医者は 病院に います。

教室には 誰も いませんか。

4 ~に : ~에 (장소)

受付は 入り口に あります。

あの 信号の 前に 林さんが います。

前(まえ) 앞	後(うし)ろ 뒤	上(うえ) 위	中(なか) 안, 속
下(した) 아래	近(ちか)く 근처	外(そと) 밖	右(みぎ) 오른쪽
左(ひだり) 왼쪽	横(よこ) 옆	隣(となり) 옆	間(あいだ) 사이

5 ～が : ～가 (주어)

食堂(しょくどう)に 母(はは)が います。

どの 時計(とけい)が 先生(せんせい)のですか。

새 단어

トイレ 화장실	公園(こうえん) 공원	部長(ぶちょう) 부장	薬屋(くすりや) 약국
新宿駅(しんじゅくえき) 신주쿠역	医者(いしゃ) 의사	病院(びょういん) 병원	教室(きょうしつ) 교실
誰(だれ)も 아무도	受付(うけつけ) 접수	入(い)り口(ぐち) 입구	信号(しんごう)신호
食堂(しょくどう) 식당			

● 패턴 연습

1 A： 机(つくえ)の 上(うえ)に 何(なに)が ありますか。

B： 辞書(じしょ)が あります。

→ A： (辞書(じしょ))は どこに ありますか。

B： (机(つくえ)の 上(うえ)) に あります

A： かばんの 中(なか)に 何(なに)が ありますか。

B： 財布(さいふ)が あります。

→ A： (　　　　)は どこに ありますか。

B： (　　　　)に あります。

2 A： 韓国(かんこく)に 誰(だれ)が いますか。

B： 家族(かぞく)が います。

→ A： (　　　　)は どこに いますか。

B： (　　　　)に います。

A： 研究室(けんきゅうしつ)に 誰(だれ)が いますか。

B： 山田(やまだ)先生(せんせい)が います。

→ A： (　　　　)は どこに いますか。

B： (　　　　)に います。

3 A： (何(なに)も ありません)。

B： え、(何(なに)も ありません)か。

① 誰(だれ)も いません。

② 一人(ひとり)も いません。

③ どこにも ありません。

④ どこにも いません。

새 단어

家族(かぞく) 가족　研究室(けんきゅうしつ) 연구실　何(なに)も 아무것도　一人(ひとり) 한 사람

どこにも 어디에도

第7課　そんなに 高(たか)く ありません

李　：これは いい カメラですね。高(たか)いですか。

佐藤：そんなに 高(たか)く ありません。安(やす)くて 軽(かる)いです。

李　：こちらの 大(おお)きくて 白(しろ)い カメラも 佐藤さんのですか。

佐藤：それは 兄(あに)の カメラです。私(わたし)のは 白(しろ)く ありません。

李　：今日(きょう)は 本当(ほんとう)に 暑(あつ)いですね。

佐藤：李さん、美味(おい)しい コーヒーは どうですか。

李　：いいですね。じゃ、私(わたし)は ホット コーヒー。

佐藤：私(わたし)は 冷(つめ)たいの ください。

李　：この 喫茶店(きっさてん)は 寮(りょう)に 近(ちか)くて いいですね。

佐藤：広(ひろ)く ありませんが、とても 明(あか)るいですよ。

李　：コーヒーも 安(やす)くて 美味(おい)しいですね。

佐藤：でしょう。夏(なつ)は やっぱり アイス コーヒー。

　　　李さん、日本語(にほんご)の 勉強(べんきょう)は どうですか。

李　：面白(おもしろ)いですが、まだ 難(むずか)しいです。

佐藤：そんなに 難(むずか)しく ありません。がんばって ください。

李　：はい、がんばります。

새 단어

いい 좋다	カメラ 카메라	高(たか)い 비싸다, 높다	そんなに 그렇게
~くありません ~지 않습니다	安(やす)い 싸다	~くて ~하고, 해서	軽(かる)い 가볍다
大(おお)きい 크다	白(しろ)い 하얗다	兄(あに) 형, 오빠	本当(ほんとう)に 정말로
美味(おい)しい 맛있다	コーヒー 커피	どう 어때, 어떻게	ホット 핫
冷(つめ)たい 차다	喫茶店(きっさてん) 커피숍	寮(りょう) 기숙사	~に ~에
近(ちか)い 가깝다	広(ひろ)い 넓다	~が ~지만	とても 매우
明(あか)るい 밝다	でしょう 그렇죠?	夏(なつ) 여름	やっぱり 역시
アイス 아이스	勉強(べんきょう) 공부	面白(おもしろ)い 재미있다	難(むずか)しい 어렵다
がんばります 열심히 하겠습니다			

李　：　이것은 좋은 카메라군요. 비쌉니까?

佐藤：　그렇게 비싸지 않아요. 싸고 가벼워요.

李　：　이쪽의 크고 흰 카메라도 사토 씨 것입니까?

佐藤：　그것은 형 카메라입니다. 제 것은 하얗지 않아요.

李　：　오늘은 정말로 덥네요.

佐藤：　이 씨, 맛있는 커피는 어때요?

李　：　좋지요. 그럼, 저는 핫 커피.

佐藤：　저는 찬 것 주세요.

李　：　이 커피숍은 기숙사에 가깝고 좋네요.

佐藤：　넓지 않지만, 매우 밝아요.

李　：　커피도 싸고 맛있네요.

佐藤：　그렇죠? 여름은 역시 아이스커피.
　　　　이 씨, 일본어 공부는 어때요?

李　：　재미있는데, 아직 어렵습니다.

佐藤：　그렇게 어렵지 않아요. 열심히 하세요.

李　：　네, 열심히 하겠습니다.

● 문법 포인트

1 い형용사 (기본형) (명사 수식형)

い형용사 (기본형)	(명사 수식형)
ズボンは 青(あお)い。	青(あお)い ズボンです。
車(くるま)は 赤(あか)い。	赤(あか)い 車(くるま)です。
病院(びょういん)は 新(あたら)しい。	新(あたら)しい 病院(びょういん)です。
料理(りょうり)は 美味(おい)しい。	美味(おい)しい 料理(りょうり)です。

2 い형용사 (긍정문)

春(はる)は 暖(あたた)かいです。

夏(なつ)は 暑(あつ)いです。

秋(あき)は 涼(すず)しいです。

冬(ふゆ)は 寒(さむ)いです。

3 い형용사 (의문문)

キムチは 辛(から)いですか。

旅行(りょこう)は 楽(たの)しいですか。

明日(あした)は 忙(いそが)しいですか。

4 い형용사 (부정문)

外国人(がいこくじん)は 多(おお)く ありません。

今日(きょう)は 天気(てんき)が よく ありません。

映画(えいが)は 面白(おもしろ)く ないですか。

5 い형용사 ~~い~~ → くて(연결형)

小(ち)さくて 可愛(かわい)いです。

狭(せま)くて 暗(くら)いです。

易(やさ)しくて 面白(おもしろ)いです。

明(あか)るくて 新(あたら)しい 部屋(へや)です。

冷(つめ)たくて 美味(おい)しいですか。

새 단어

ズボン 바지	青(あお)い 파랗다	赤(あか)い 빨갛다	新(あたら)しい 새롭다
料理(りょうり) 요리	春(はる) 봄	暖(あたた)かい 따뜻하다	秋(あき) 가을
涼(すず)しい 시원하다	冬(ふゆ) 겨울	寒(さむ)い 춥다	キムチ 김치
辛(から)い 맵다	旅行(りょこう) 여행	楽(たの)しい 즐겁다	明日(あした) 내일
忙(いそが)しい 바쁘다	外国人(がいこくじん) 외국인	多(おお)い 많다	天気(てんき) 날씨
映画(えいが) 영화	小(ち)さい 작다	可愛(かわい)い 귀엽다	狭(せま)い 좁다
暗(くら)い 어둡다	易(やさ)しい 쉽다		

● 패턴 연습

1 A： これは どうですか。

B： (速(はや))くて (いい)ですね。

① 小(ちい)さい 可愛(かわい)い

② 古(ふる)い 遠(とお)い

③ 甘(あま)い すっぱい

2 A： これは (高(たか)い)ですか。

B： いいえ、(高(たか)く) ありません。(安(やす)い) です。

① 軽(かる)い 重(おも)い

② 大(おお)きい 小(ちい)さい

③ 熱(あつ)い 冷(つめ)たい

④ 美味(おい)しい まずい

⑤ 新(あたら)しい 古(ふる)い

새 단어

速(はや)い 빠르다　古(ふる)い 낡다, 오래되다　遠(とお)い 멀다　甘(あま)い 달다

すっぱい 시다　重(おも)い 무겁다　まずい 맛없다

★ い형용사 정리 ★

高(たか)い 비싸다, 높다
安(やす)い 싸다
軽(かる)い 가볍다
重(おも)い 무겁다
大(おお)きい 크다
小(ちい)さい 작다
美味(おい)しい 맛있다
まずい 맛없다
熱(あつ)い 뜨겁다
冷(つめ)たい 차다
暑(あつ)い 덥다
寒(さむ)い 춥다
近(ちか)い 가깝다
遠(とお)い 멀다
広(ひろ)い 넓다
狭(せま)い 좁다
明(あか)るい 밝다
暗(くら)い 어둡다
難(むずか)しい 어렵다
易(やさ)しい 쉽다
青(あお)い 파랗다
赤(あか)い 빨갛다
新(あたら)しい 새롭다
古(ふる)い 낡다, 오래되다
暖(あたた)かい 따뜻하다
涼(すず)しい 시원하다
甘(あま)い 달다
辛(から)い 맵다
楽(たの)しい 즐겁다
忙(いそが)しい 바쁘다
多(おお)い 많다
可愛(かわい)い 귀엽다
早(はや)い 이르다
すっぱい 시다
いい 좋다
白(しろ)い 하얗다
面白(おもしろ)い 재미있다

第8課　どんな 人(ひと)が 好(す)きですか

佐藤：　ここは 東京(とうきょう)で 有名(ゆうめい)な 所(ところ)です。

李　：　そうですか。どんな 所(ところ)ですか。

佐藤：　交通(こうつう)は 便利(べんり)で きれいです。

李　：　じゃ、静(しず)かですか。

佐藤：　いいえ、静(しず)かでは ありません。賑(にぎ)やかです。

李　：　田村(たむら)さんは どんな 人(ひと)ですか。

佐藤：　立派(りっぱ)で 親切(しんせつ)な 人(ひと)ですね。

李　：　佐藤(さとう)さんは どんな 人(ひと)が 好(す)きですか。

佐藤：　真面目(まじめ)で 優(やさ)しい 人(ひと)が 好(す)きです。李(い)さんは。

李　：　元気(げんき)で きれいな 人(ひと)が 好(す)きです。

佐藤：　李(い)さんは サッカーと 野球(やきゅう)と どちらが 好(す)きですか。

李　：　野球(やきゅう)より サッカーの 方(ほう)が 好(す)きです。

佐藤：　サッカーは 上手(じょうず)ですか。

李　：　いいえ、好(す)きですが、上手(じょうず)では ありません。
　　　　佐藤(さとう)さんは スポーツの 中(なか)で 何(なに)が 一番(いちばん) 好(す)きですか。

佐藤：　私(わたし)は バスケットボールが 一番(いちばん) 好(す)きです。

새 단어

東京(とうきょう) 도쿄	で 에서	有名(ゆうめい)だ 유명하다	所(ところ) 곳
どんな 어떤	交通(こうつう) 교통	便利(べんり)だ 편리하다	きれいだ 깨끗하다, 예쁘다
静(しず)かだ 조용하다	賑(にぎ)やかだ 번화하다	立派(りっぱ)だ 훌륭하다	親切(しんせつ)だ 친절하다
好(す)きだ 좋아하다	真面目(まじめ)だ 성실하다	優(やさ)しい 착하다	元気(げんき)だ 건강하다
サッカー 축구	と 와, 과	野球(やきゅう) 야구	どちら 어느 쪽
より 보다	方(ほう) 쪽	上手(じょうず)だ 잘하다	一番(いちばん) 가장, 제일
バスケットボール 농구			

佐藤 : 여기는 도쿄에서 유명한 곳입니다.

李 : 그렇습니까? 어떤 곳입니까?

佐藤 : 교통은 편리하고 깨끗합니다.

李 : 그럼, 조용합니까?

佐藤 : 아니요, 조용하지 않습니다. 번화하지요.

李 : 타무라 씨는 어떤 사람입니까?

佐藤 : 훌륭하고 친절한 사람이지요.

李 : 사토 씨는 어떤 사람을 좋아합니까?

佐藤 : 성실하고 착한 사람을 좋아합니다. 이 씨는?

李 : 건강하고 예쁜 사람을 좋아합니다.

佐藤 : 이 씨는 축구와 야구와 어느 쪽을 좋아합니까?

李 : 야구보다 축구 쪽을 좋아합니다.

佐藤 : 축구는 잘합니까?

李 : 아니요. 좋아합니다만, 잘하지는 않습니다.
사토 씨는 스포츠 중에서 무엇을 가장 좋아합니까?

佐藤 : 저는 농구를 제일 좋아합니다.

문법 포인트

1 な형용사 (기본형) (긍정문)

な형용사 (기본형)	(긍정문)
この 店(みせ)は 有名(ゆうめい)だ。	有名(ゆうめい)です。
電車(でんしゃ)は 便利(べんり)だ。	便利(べんり)です。
大阪(おおさか)は 賑(にぎ)やかだ。	賑(にぎ)やかです。

2 な형용사 (의문문) (부정문)

な형용사 (의문문)	(부정문)
図書館(としょかん)は 静(しず)かですか。	静(しず)かでは ありません。
トイレは きれいですか。	きれいじゃ ありません。
建物(たてもの)は 立派(りっぱ)ですか。	立派(りっぱ)では ないです。
デパートは 親切(しんせつ)ですか。	親切(しんせつ)じゃ ないです。

3 な형용사 (명사 수식형)

好(す)きな 人(ひと) いますか。

真面目(まじめ)な 会社員(かいしゃいん)です。

元気(げんき)な 赤(あか)ちゃんですね。

静(しず)かな 公園(こうえん)で いいです。

4 な형용사 だ → で (연결형)

渋谷(しぶや)は 便利(べんり)で 賑(にぎ)やかで きれいです。

鈴木(すずき)さんは 静(しず)かで 真面目(まじめ)で 元気(げんき)です。

5 ~が : ~를

기호능력 (好(す)きだ 嫌(きら)いだ 欲(ほ)しい 上手(じょうず)だ 下手(へた)だ 得意(とくい)だ
苦手(にがて)だ 出来(でき)る)

息子(むすこ)は 野菜(やさい)が 嫌(きら)いです。

何(なに)が 欲(ほ)しいですか。

彼女(かのじょ)は 料理(りょうり)が 上手(じょうず)です。

彼(かれ)は 子供(こども)が 苦手(にがて)ですか。

妹(いもうと)は 日本語(にほんご)が 出来(でき)ません。

새 단어

- 店(みせ) 가게
- 電車(でんしゃ) 전철
- 大阪(おおさか) 오사카
- 図書館(としょかん) 도서관
- デパート 백화점
- 赤(あか)ちゃん 애기
- 渋谷(しぶや) 시부야
- 嫌(きら)いだ 싫어하다
- 欲(ほ)しい 갖고싶다, 필요하다
- 下手(へた)だ 못하다
- 得意(とくい)だ 자신있다
- 苦手(にがて)だ 자신없다
- 出来(でき)る 할 수 있다
- 息子(むすこ) 아들
- 野菜(やさい) 야채
- 彼女(かのじょ) 그녀, 여자친구
- 彼(かれ) 그 남자
- 子供(こども) 어린이
- 妹(いもうと) 여동생

● 패턴 연습

1 A：（かばん）は どんな（かばん）ですか。

B：（丈夫(じょうぶ)）で（便利(べんり)）な（かばん）です。

① 部屋(へや) きれいだ 静(しず)かだ

② 歌手(かしゅ) 素敵(すてき)だ ハンサムだ

③ 駅(えき) 有名(ゆうめい)だ 立派(りっぱ)だ

④ 駅員(えきいん) 親切(しんせつ)だ 真面目(まじめ)だ

⑤ ベット 丈夫(じょうぶ)だ 楽(らく)だ

2 A：（交通(こうつう)）は（便利(べんり)）ですか。

B：いいえ、（便利(べんり)）では ありません。（不便(ふべん)）です。

① 旅行(りょこう)　好(す)きだ　嫌(きら)いだ

② 学校(がっこう)　賑(にぎ)やかだ　静(しず)かだ

③ 友(とも)だち　幸(しあわ)せ　不幸(ふしあわ)せ

④ 店員(てんいん)　真面目(まじめ)だ　不真面目(ふまじめ)だ

⑤ 英語(えいご)　上手(じょうず)だ　下手(へた)だ

⑥ 数学(すうがく)　得意(とくい)だ　苦手(にがて)だ

3 A：(スポーツ)の 中(なか)で (何(なに))が 一番(いちばん) 好(す)きですか。

B：(サッカー)が 一番(いちばん) 好(す)きです。

① クラス 誰(だれ) 中村(なかむら)さん

② 食(た)べ物(もの) 何(なに) 焼(や)き肉(にく)

③ お酒(さけ) 何(なに) ビール

④ こ どれ ゲーム

⑤ 果物(くだもの) 何(なに) 苺(いちご)

⑥ 花(はな) 何(なに) 百合(ゆり)

새 단어

丈夫(じょうぶ)だ 튼튼하다	歌手(かしゅ) 가수	素敵(すてき)だ 멋지다	ハンサムだ 핸섬하다
駅員(えきいん) 역원	ベット 침대	楽(らく)だ 편하다	不便(ふべん)だ 불편하다
幸(しあわ)せだ 행복하다	不幸(ふしあわ)せだ 불행하다	店員(てんいん) 점원	不真面目(ふまじめ)だ 불성실하다
数学(すうがく) 수학	クラス 반	食(た)べ物(もの) 음식	焼(や)き肉(にく) 불고기
ビール 맥주	ゲーム 게임	果物(くだもの) 과일	苺(いちご) 딸기
百合(ゆり) 백합			

★ な형용사 정리 ★

有名(ゆうめい)だ 유명하다	便利(べんり)だ 편리하다	不便(ふべん)だ 불편하다	きれいだ 깨끗하다, 예쁘다
静(しず)かだ 조용하다	賑(にぎ)やかだ 번화하다	立派(りっぱ)だ 훌륭하다	親切(しんせつ)だ 친절하다
不親切(ふしんせつ)だ 불친절하다	好(す)きだ 좋아하다	嫌(きら)いだ 싫어하다	真面目(まじめ)だ 성실하다
不真面目(ふまじめ)だ 불성실하다	元気(げんき)だ 건강하다	上手(じょうず)だ 잘하다	下手(へた)だ 못하다
得意(とくい)だ 자신 있다	苦手(にがて)だ 자신 없다	丈夫(じょうぶ)だ 튼튼하다	素敵(すてき)だ 멋지다
ハンサムだ 핸섬하다	楽(らく)だ 편하다	幸(しあわ)せだ 행복하다	不幸(ふしあわ)せだ 불행하다
簡単(かんたん)だ 간단하다	複雑(ふくざつ)だ 복잡하다	暇(ひま)だ 한가하다	大切(たいせつ)だ 중요하다
大変(たいへん)だ 큰일이다, 힘들다	新鮮(しんせん)だ 신선하다	派手(はで)だ 화려하다	地味(じみ)だ 수수하다

第9課　何時(なんじ)から 何時(なんじ)までですか

李　：授業(じゅぎょう)は 何時(なんじ)から 何時(なんじ)までですか。

佐藤：１０時(じゅうじ)から ４時(よじ)までです。毎日(まいにち) 大変(たいへん)です。

李　：休(やす)みは 何曜日(なんようび)ですか。

佐藤：土曜日(どようび)と 日曜日(にちようび)です。

李　：夏休(なつやす)みは いつから いつまでですか。

佐藤：夏休(なつやす)みは ７月(しちがつ)、８月(はちがつ)です。

店員：いらっしゃいませ。

李　：この 大(おお)きい りんごは いくらですか。

店員：一(ひと)つ ２００円(にひゃくえん)です。

李　：じゃ、りんご 三(みっ)つと、蜜柑(みかん) 五(いつ)つと、玉(たま)ねぎを ください。

店員：すみません。玉(たま)ねぎは 売(う)り切(き)れです。

　　　今(いま)は 長(なが)ねぎ しか ありません。

李　：じゃ、これで いいです。全部(ぜんぶ)で いくらですか。

店員：お待(ま)たせしました。１５００円(せんごひゃくえん)です。

李　：はい、２０００円(にせんえん)。

店員：５００円(ごひゃくえん)の おつりです。毎度(まいど)あり。

새 단어

授業(じゅぎょう) 수업	何時(なんじ) 몇 시	から 부터	まで 까지
10時(じゅうじ) 10시	4時(よじ) 4시	毎日(まいにち) 매일	休(やす)み 휴일
何曜日(なんようび) 무슨 요일	土曜日(どようび) 토요일	日曜日(にちようび) 일요일	夏休(なつやす)み 여름방학
いつ 언제	7月(しちがつ) 7월	8月(はちがつ) 8월	りんご 사과
いくら 얼마	一(ひと)つ 하나	円(えん) 엔	三(みっ)つ 3개
蜜柑(みかん) 귤	五(いつ)つ 5개	玉(たま)ねぎ 양파	を 을, 를
売(う)り切(き)れ 다팔림	今(いま) 지금	長(なが)ねぎ 대파	しか 밖에
いい 됐다	全部(ぜんぶ) 전부	おつり 잔돈	お待(ま)たせしました 기다리게 했습니다.
毎度(まいど)あり 매번감사			

李 ： 수업은 몇 시부터 몇 시까지입니까?

佐藤 ： 10시부터 4시까지입니다. 매일 힘들어요.

李 ： 휴일은 무슨 요일입니까?

佐藤 ： 토요일과 일요일입니다.

李 ： 여름방학은 언제부터 언제까지입니까?

佐藤 ： 여름방학은 7월, 8월입니다.

店員 ： 어서 오세요.

李 ： 이 큰 사과는 얼마입니까?

店員 ： 하나 200엔입니다.

李 ： 그럼, 사과 3개와 귤 5개와 양파를 주세요.

店員 ： 미안합니다. 양파는 다 팔렸습니다.
지금은 대파 밖에 없습니다.

李 ： 그럼 이것으로 됐습니다. 전부 얼마입니까?

店員 ： 많이 기다리셨습니다. 1500엔입니다.

李 ： 자, 2000엔.

店員 ： 500엔 거스름돈입니다.
항상 이용해 주셔서 감사합니다.

● 문법 포인트

1 ～から : ～부터, 에서　　～まで : ～까지

午前(ごぜん) 何時(なんじ)から 午後(ごご) 何時(なんじ)までですか。

冬休(ふゆやす)みは いつから いつまでですか。

春(はる)は 3月(さんがつ)から 5月(ごがつ)までです。

ソウルから 東京(とうきょう)まで お願(ねが)いします。

2 ～しか : ～밖에

ここ しか ありません。

定食(ていしょく) しか ありません。

豚肉(ぶたにく) しか ありません。

二人(ふたり) しか いません。

새 단어

午前(ごぜん) 오전	午後(ごご) 오후	冬休(ふゆやす)み 겨울방학	ソウル 서울
定食(ていしょく) 정식	豚肉(ぶたにく) 돼지고기	二人(ふたり) 두 사람	

○ 時

〈날〉

그저께	一昨日(おととい)
어제	昨日(きのう)
오늘	今日(きょう)
내일	明日(あした)
모레	明後日(あさって)

〈요일〉

월요일	月曜日(げつようび)
화요일	火曜日(かようび)
수요일	水曜日(すいようび)
목요일	木曜日(もくようび)
금요일	金曜日(きんようび)
토요일	土曜日(どようび)
일요일	日曜日(にちようび)
무슨요일	何曜日(なんようび)

〈月〉

1月	いちがつ
2月	にがつ
3月	さんがつ
4月	**しがつ**
5月	ごがつ
6月	ろくがつ
7月	**しちがつ**
8月	はちがつ
9月	**くがつ**
10月	じゅうがつ
11月	じゅういちがつ
12月	じゅうにがつ
何月	なんがつ

〈時〉

1時	いちじ
2時	にじ
3時	さんじ
4時	***よじ***
5時	ごじ
6時	ろくじ
7時	***しちじ***
8時	はちじ
9時	***くじ***
10時	じゅうじ
11時	じゅういちじ
12時	じゅうにじ
何時	なんじ

〈分〉

1分	**いっぷん**
2分	にふん
3分	**さんぷん**
4分	**よんぷん**
5分	ごふん
6分	**ろっぷん**
7分	ななふん
8分	**はっぷん**
9分	きゅうふん
10分	**じゅっぷん**
何分	**なんぷん**

〈日〉

1日	**ついたち**	11日	じゅういちにち	21日	にじゅういちにち
2日	**ふつか**	12日	じゅうににち	22日	にじゅうににち
3日	**みっか**	13日	じゅうさんにち	23日	にじゅうさんにち
4日	**よっか**	14日	**じゅうよっか**	24日	**にじゅうよっか**
5日	**いつか**	15日	じゅうごにち	25日	にじゅうごにち
6日	**むいか**	16日	じゅうろくにち	26日	にじゅうろくにち
7日	**なのか**	17日	**じゅうしちにち**	27日	**にじゅうしちにち**
8日	**ようか**	18日	じゅうはちにち	28日	にじゅうはちにち
9日	**ここのか**	19日	**じゅうくにち**	29日	**にじゅうくにち**
10日	**とおか**	20日	**はつか**	30日	さんじゅうにち
				何日	なんにち

주 : 先週(せんしゅう) (지난주) 今週(こんしゅう) (이번주) 来週(らいしゅう) (다음주)

달 : 先月(せんげつ) (지난달) 今月(こんげつ) (이번달) 来月(らいげつ) (다음달)

년 : 去年(きょねん) (작년) 今年(ことし) (올해, 금년) 来年(らいねん) (내년)

○ 数

〈数〉

1	いち
2	に
3	さん
4	し.よん.よ
5	ご
6	ろく
7	しち.なな
8	はち
9	く.きゅう
10	じゅう

하나	一つ	ひとつ
둘	二つ	ふたつ
셋	三つ	みっつ
넷	四つ	よっつ
다섯	五つ	いつつ
여섯	六つ	むっつ
일곱	七つ	ななつ
여덟	八つ	やっつ
아홉	九つ	ここのつ
열	十	とお
얼마, 몇	いくつ	

〈사람〉

一人	**ひとり**
二人	**ふたり**
三人	さんにん
四人	よにん
五人	ごにん
六人	ろくにん
七人	しちにん
八人	はちにん
九人	きゅうにん
十人	じゅうにん
何人	なんにん

〈百〉

百	ひゃく
二百	にひゃく
三百	**さんびゃく**
四百	**よんひゃく**
五百	ごひゃく
六百	**ろっぴゃく**
七百	**ななひゃく**
八百	**はっぴゃく**
九百	**きゅうひゃく**
千	せん

● 패턴 연습

1 A： (会議(かいぎ))は (何時(なんじ))ですか。

B： (7時(しちじ))です。

① 今日(きょう) 何日(なんにち) １５日(じゅうごにち)　② 誕生日(たんじょうび) 何月(なんがつ) 4月(しがつ)

③ 学生(がくせい) 何人(なんにん) 一人(ひとり)　④ 出発(しゅっぱつ) いつ 来週(らいしゅう)

2 A： (何時(なんじ))から (何時(なんじ))までですか。

B： (9時(くじ))から (5時(ごじ))までです。

① 何曜日(なんようび) 月曜日(げつようび) 金曜日(きんようび)

② いつ 昨日(きのう) 明日(あした)

③ どこ 北海道(ほっかいどう) 九州(きゅうしゅう)

④ 誰(だれ) 金(きむ)さん 本田(ほんだ)さん

3 A： 今日(きょう)は 水曜日(すいようび)です。

B： じゃ、(明日(あした))は (木曜日(もくようび))ですね。

① 明後日(あさって) 金曜日(きんようび)

② 昨日(きのう) 火曜日(かようび)

③ 一昨日(おととい) 月曜日(げつようび)

4 A： すみません、これは いくらですか。

B： (1 5 0 (ひゃくごじゅう))円(えん)です。

① 10000(いちまん)

② 3 0 0(さんびゃく)

③ 8 0 0(はっぴゃく)

④ 4 7 0(よんひゃくななじゅう)

5 A： (たまご) (二(ふた)つ) ください。

B： はい、どうぞ。

① お水(みず) 一杯(いっぱい)

② 冷(つめ)たい ビール 一本(いっぽん)

③ コーヒー 六(むっ)つ

④ ハンカチ 二枚(にまい)

새 단어

会議(かいぎ) 회의　誕生日(たんじょうび) 생일　出発(しゅっぱつ) 출발　北海道(ほっかいどう) 홋카이도

九州(きゅうしゅう) 큐슈　たまご 계란　一杯(いっぱい) 한잔, 가득　一本(いっぽん) 한병, 한자루, 한송이, 한개피

ハンカチ 손수건　二枚(にまい) 두장

第10課　朝ご飯を 食べます

佐藤：　李さんは 朝 早く 起きますか。

李　：　大体 7時に 起きます。

佐藤：　それから 何を しますか。

李　：　まず、朝ご飯を 食べます。それから 顔を 洗います。

佐藤：　私は あまり 食べません。でも、牛乳は 飲みます。

李　：　学校までは 何で 行きますか。

佐藤：　電車で 行きます。1時間 かかります。

　　　　電車の 中で 音楽を 聞きます。

李　：　昼ごはんは どこで 食べますか。

佐藤：　友だちと 学食で 食べます。

李　：　何時頃 家に 帰りますか。

佐藤：　ちょっと 遅いです。9時半頃 帰ります。

李　：　テレビは 見ますか。

佐藤：　テレビは ほとんど 見ません。

　　　　宿題とか レポートを 書きます。

李　：　私も 寝る 前に 日本語の 勉強を します。

佐藤：　じゃ、何時に 寝ますか。

李　：　12時半頃 寝ます。

새 단어

朝(あさ) 아침	早(はや)く 일찍	起(お)きる 일어나다	大体(だいたい) 대체로
に 에	それから 그리고	する 하다	まず 우선
ご飯(はん) 밥	食(た)べる 먹다	顔(かお) 얼굴	洗(あら)う 씻다
あまり 그다지	でも 하지만	牛乳(ぎゅうにゅう) 우유	飲(の)む 마시다
で 으로	行(い)く 가다	かかる 걸리다, 들다	聞(き)く 듣다
昼(ひる) 점심	学食(がくしょく) 학생식당	帰(かえ)る 귀가하다	ちょっと 좀, 조금
遅(おそ)い 늦다	半(はん) 반	頃(ごろ) 정도	見(み)る 보다
ほとんど 거의	宿題(しゅくだい) 숙제	とか 라든가	レポート 레포트
書(か)く 쓰다	寝(ね)る 자다	前(まえ) 전	

佐藤 : 이 씨는 아침 일찍 일어납니까?
李 : 대체로 7시에 일어납니다.
佐藤 : 그리고 무엇을 합니까?
李 : 우선 아침밥을 먹습니다. 그리고 세수를 합니다.
佐藤 : 저는 그다지 먹지 않습니다. 하지만 우유는 마십니다.
李 : 학교까지는 무엇으로 갑니까?
佐藤 : 전철로 갑니다. 1시간 걸립니다.
전철 안에서 음악을 듣지요.
李 : 점심밥은 어디에서 먹어요?
佐藤 : 친구와 학생식당에서 먹습니다.
李 : 몇 시쯤 집에 돌아가나요?
佐藤 : 좀 늦습니다. 9시 반쯤 돌아갑니다.
李 : 텔레비전는 보나요?
佐藤 : 텔레비전은 거의 안봅니다.
숙제라든가 레포트를 씁니다.
李 : 저도 자기 전에 일본어 공부를 합니다.
佐藤 : 그럼, 몇 시에 자나요?
李 : 12시 반쯤 잡니다.

문법 포인트

1 조사 ~に : ~에 (시간)

何時(なんじ)に 始(はじ)まりますか。

夏休(なつやす)みに 山(やま)に 登(のぼ)ります。

★ 今日(きょう) 昨日(きのう) 明日(あした) 毎朝(まいあさ) 今朝(けさ)＋に(×)★

2 조사 ~を : ~을, 를 (목적, 통과, 출발점)

雑誌(ざっし)を 読(よ)みます。

買(か)い物(もの)を します。

たばこを 吸(す)います。

3 조사 ~で : ~로 (수단)

自転車(じてんしゃ)で 行(い)きます。

紙(かみ)で 人形(にんぎょう)を 作(つく)ります。

名前(なまえ)は 漢字(かんじ)で 書(か)きます。

スマホで 写真(しゃしん)を 撮(と)ります。

4 조사 ~へ [e] : ~에, 으로 (방향)

お手洗(てあら)いへ 行(い)きます。

いつ 会社(かいしゃ)へ 来(き)ましたか。

家族(かぞく)と 一緒(いっしょ)に 京都(きょうと)へ 行(い)きます。

5 부사

必(かなら)ず (반드시, 꼭)	いつも (항상, 늘)	よく (자주)	時々(ときどき) (때때로)
たまに (가끔)	あまり (별로, 그다지)	殆(ほと)んど (거의)	全然(ぜんぜん) (전혀)

父(ちち)は 毎晩(まいばん) 必(かなら)ず お酒(さけ)を 飲(の)みます。

時々(ときどき) 遊園地(ゆうえんち)へ 行(い)きます。

私(わたし)は ラジオは ほとんど 聞(き)きません。

日本語(にほんご)は 全然(ぜんぜん) わかりません。

6 동사 : 기본형이 u단

う、く、ぐ、す、つ、ぬ、ぶ、む、る

◎ 1류동사 : 「う」,「く」,「ぐ」,「す」,「つ」,「ぬ」,「ぶ」,「む」로 끝나는 동사와 「る」앞이 a단 u단 o단인 동사.

u → i+「ます」 정중한 표현.

u단 → i단＋ます	例
う → い ます	あらう→ あらいます
く → き ます	きく　→ ききます
す → し ます	かす　→ かします
つ → ち ます	たつ　→ たちます
ぬ → に ます	しぬ　→ しにます
ぶ → び ます	とぶ　→ とびます
む → み ます	すむ　→ すみます
る → り ます	はじまる → はじまります

☆ 주의 ☆ 예외

(예 : 減(へ)る、照(て)る、蹴(け)る、帰(かえ)る、練(ね)る、滑(すべ)る、焦(あせ)る、走(はし)る、入(はい)る、要(い)る、知(し)る、散(ち)る、切(き)る、参(まい)る、喋(しゃべ)る 등)

◎ 2류동사 : 「る」앞이 i단 e단인 동사.「~~る~~」만 탈락＋ます 정중한 표현.

~~る~~＋ます
み~~る~~ → みます
おき~~る~~ → おきます
たべ~~る~~ → たべます
ね~~る~~→ ねます

◎ 3류동사 : 「来(く)る(오다)」→「きます」

「する(하다)」→「します」

7 ～ます ： ～ㅂ니다 (정중형), ～ますか ： ～ㅂ니까 (의문문), ～ません ： ～지 않습니다 (부정문)

買(か)う→

笑(わら)う→

歩(ある)く→

働(はたら)く→

話(はな)す→

待(ま)つ→

持(も)つ→

死(し)ぬ→

遊(あそ)ぶ→

有(あ)る→

乗(の)る→

頑張(がんば)る→

売(う)る→

いる→

着(き)る→

借(か)りる→

教(おし)える→

開(あ)ける→

새 단어

始まる 시작되다
今朝 오늘아침
吸う 피우다
作る 만들다
撮る 찍다
遊園地 유원지
立つ 서다
減る 줄다
滑る 미끄러지다
要る 필요하다
参る 오다가다(겸양어)
歩く 걷다
持つ 갖다, 들다
売る 팔다
教える 가르치다

山 산
読む 읽다
自転車 자전거
名前 이름
お手洗い 화장실
ラジオ 라디오
死ぬ 죽다
照る 비치다
焦る 초조해하다
知る 알다
喋る 수다떨다
働く 일하다
遊ぶ 놀다
いる 있다
開ける 열다

登る 오르다
買い物 쇼핑
紙 종이
漢字 한자
父 아버지
わかる 알다
飛ぶ 날다
蹴る 차다
走る 뛰다, 달리다
散る 지다
買う 사다
話す 말하다
有る 있다
着る 입다

毎朝 매일아침
たばこ 담배
人形 인형
スマホ 스마트폰
毎晩 매일 밤
貸す 빌려주다
住む 살다
練る 반죽하다
入る 들어오다(들어가다)
切る 자르다
笑う 웃다
待つ 기다리다
乗る 타다
借りる 빌리다

● 패턴 연습

1 A：何(なに)を (飲(の)み)ますか。

B：(コーヒー)を (飲(の)み)ます。

① 食(た)べる ご飯(はん)　　② 買(か)う スーツ

③ 売(う)る 魚(さかな)　　④ 着(き)る 着物(きもの)

⑤ 借(か)りる お金(かね)　　⑥ 教(おし)える 水泳(すいえい)

⑦ 書(か)く 手紙(てがみ)　　⑧ 作(つく)る お弁当(べんとう)

⑨ 読(よ)む メール

2 A：どこで (食(た)べ)ますか。

B：(食堂(しょくどう))で (食(た)べ)ます。

① 遊(あそ)ぶ 運動場(うんどうじょう)　　② 洗(あら)う お風呂(ふろ)

③ 買(か)う スーパー　　④ 書(か)く 図書館(としょかん)

⑤ 寝(ね)る 和室(わしつ)　　⑥ 飲(の)む 居酒屋(いざかや)

⑦ 働(はたら)く 郵便局(ゆうびんきょく)　　⑧ 待(ま)つ 交番(こうばん)の前(まえ)

3 A： お酒を 飲みますか。

B： はい、(時々) (飲みます)。

いいえ、(全然) (飲みません)。

① いつも ② あまり

③ 必ず ④ よく

⑤ たまに

새 단어

スーツ 양복	魚 생선	着物 기모노	お金 돈
水泳 수영	手紙 편지	お弁当 도시락	メール 메일, 문자
運動場 운동장	お風呂 목욕탕	スーパー 슈퍼	和室 다다미방
居酒屋 선술집	郵便局 우체국	交番 파출소	

第11課　映画を 見ました

李　：昨日は 雨が 降りましたね。でも 暑かったです。

佐藤：あ、休みでしたね。どこか 行きましたか。

李　：ええ、デパートへ 行きました。

あまり 静かでは ありませんでした。

佐藤：何か 買いましたか。

李　：ズボンと シャツを 買いました。高く ありませんでした。

佐藤：映画は 見ましたか。

李　：いいえ、映画は 見ませんでした。

佐藤：買い物の 後は 何を しましたか。

李　：てんぷら定食を 食べました。安くて 美味しかったです。

佐藤：お酒も 飲みましたか。

李　：いいえ、コーヒーしか 飲みませんでした。

佐藤：もう 1時ですね。焼き肉でも 食べませんか。

李　：焼き肉は 大好きです。食べましょう。

佐藤：その後 よかったら 一緒に 映画でも 見ませんか。

李　：今日は バイトが あります。

佐藤：じゃ、映画は 日曜日に 見ましょうか。

李　：日曜日なら 大丈夫です。どこで 会いましょうか。

佐藤： 渋谷駅の ハチ公の 前で 会いましょう。

李　： そう しましょう。

새 단어

雨 비	降る 내리다	シャツ 샤츠	後 후
てんぷら 튀김	定食 정식	もう 벌써	でも 라도
よかったら 괜찮다면	バイト 아르바이트	なら 라면	大丈夫だ 괜찮다
ハチ 하치	公 공		

李　：　어제는 비가 내렸지요. 하지만 더웠습니다.
佐藤：　아, 휴일이었지요. 어딘가 갔었나요?
李　：　네, 백화점에 갔어요. 그다지 조용하지 않았습니다.
佐藤：　뭔가 샀나요?
李　：　바지와 셔츠를 샀습니다. 비싸지 않았어요.
佐藤：　영화는 봤나요?
李　：　아니요. 영화는 보지 않았습니다.
佐藤：　쇼핑 후는 무엇을 했습니까?
李　：　튀김정식을 먹었어요. 싸고 맛있었어요.
佐藤：　술도 마셨습니까?
李　：　아니요. 커피밖에 마시지 않았습니다.
佐藤：　벌써 1시네요. 불고기라도 먹지 않을래요?
李　：　불고기는 정말 좋아합니다. 먹읍시다.
佐藤：　그 다음 괜찮다면 같이 영화라도 안 볼래요?
李　：　오늘은 아르바이트가 있습니다.
佐藤：　그럼, 영화는 일요일에 볼까요?
李　：　일요일이라면 괜찮습니다. 어디서 만날까요?
佐藤：　시부야역 하치코 앞에서 만납시다.
李　：　그렇게 합시다.

● 문법 포인트

1 명사, な형용사

~です → ~でした (과거)

~では ありません → ~では ありませんでした

~では, じゃ なかったです (과거부정)

まだ 子供(こども)でした。

一昨日(おととい)は 日曜日(にちようび)では ありませんでした。

お店(みせ)は 暇(ひま)でした。

そんなに 簡単(かんたん)では ありませんでした。

2 동사

~ます → ~ました (과거)

~ません → ~ませんでした (과거부정)

社長(しゃちょう)に 会(あ)いました。

日本語(にほんご)の 試験(しけん)を 受(う)けました。

授業(じゅぎょう)しか ありませんでした。

夏休(なつやす)みは 国(くに)に 帰(かえ)りませんでした。

3 い형용사

~い → ~かった (과거)

~いです → ~かったです (과거 정중형)

~く ありません → ~く ありませんでした

~く なかったです (과거부정)

旅行(りょこう)は よかったです。

お祭(まつり)は 楽(たの)しかったです。

週末(しゅうまつ)は 忙(いそが)しく ありませんでした。

4 청유형(제안, 권유) **~ましょう** : 합시다 **~ましょうか** : 할까요?

~ませんか : 하지 않을래요? (배려)

プールで 泳(およ)ぎましょう。

何(なに)か 手伝(てつだ)いましょうか。

飲(の)み物(もの)は 何(なに)に しましょうか。

ちょっと 休(やす)みませんか。

5 의문사＋か : 인가

何(なに)か 무언가　　誰(だれ)か 누군가　　どちらか 어느 쪽인가　　どこか 어딘가

いつか 언젠가　　どれか 어느 건가

どこか 出(で)かけますか。

すみません、誰(だれ)か いませんか。

いつか わかる日(ひ)が 来(き)ます。

새 단어

社長(しゃちょう) 사장	会(あ)う 만나다	試験(しけん) 시험	受(う)ける 치루다
国(くに) 나라, 고국	お祭(まつり) 축제	週末(しゅうまつ) 주말	プール 수영장
泳(およ)ぐ 헤엄치다	手伝(てつだ)う 돕다	飲(の)み物(もの) 음료수	休(やす)む 쉬다
出(で)かける 외출하다	日(ひ) 날		

● 패턴 연습

1 A： 何か (買い)ましたか。

B： いいえ、何も (買い)ませんでした。

① ある ② する

③ 作る ④ 見る

⑤ 降る

2 A： (何)か (食べ)ましたか。

B： いいえ、(何)も (食べ)ませんでした。

① 誰 来る ② どちら 選ぶ

③ どこ 行く ④ どれ 売る

3 A： (暑)かったですか。

B： いいえ、あまり (暑)く ありませんでした。

① 美味しい ② 高い

③ 遠い ④ 辛い

⑤ 甘い

4 A：（花火大会(はなびたいかい)）（行(い)き）ませんか。

B：いいですね。（行(い)き）ましょう。

① 家(うち)まで 送(おく)る　　② 荷物(にもつ) 持(も)つ

③ 辞書(じしょ)で 調(しら)べる　　④ 日本語(にほんご)で 話(はな)す

⑤ 一緒(いっしょ)に 入(はい)る　　⑥ タクシー 呼(よ)ぶ

새 단어

選(えら)ぶ 고르다, 선택하다　花火大会(はなびたいかい) 불꽃대회　送(おく)る 보내다, 배웅하다　荷物(にもつ) 짐
調(しら)べる 조사하다　タクシー 택시　呼(よ)ぶ 부르다

第12課　何(なに)が したいですか

李　：　昨日(きのう)は お土産(みやげ)を 買(か)いに 行(い)きました。

　　　　その 後(あと) 映画(えいが)を 見(み)に 行(い)きました。

佐藤：　そうですか。そろそろ 冬休(ふゆやす)みですね。沖縄(おきなわ)へ 行(い)きたいです。

李　：　暖(あたた)かい 沖縄(おきなわ)で 何(なに)が したいですか。

佐藤：　街(まち)を 歩(ある)きながら 写真(しゃしん)を たくさん 撮(と)りたいです。

　　　　また 海(うみ)で 泳(およ)ぎたいです。

李　：　私(わたし)は 古(ふる)くて 静(しず)かな 京都(きょうと)を 旅行(りょこう)したいです。

　　　　あ、お腹(なか) ぺこぺこ。

佐藤：　何(なに)か 食(た)べながら 話(はな)しましょう。冷(つめ)たい 物(もの)も 飲(の)みたいです。

李　：　明日(あした)は 両親(りょうしん)を 迎(むか)えに 空港(くうこう)へ 行(い)きます。

　　　　ソウルから 会(あ)いに 来(き)ます。

佐藤：　そうですか。私(わたし)も 彼女(かのじょ)に 会(あ)いたいです。

　　　　李さんは 今(いま) 何(なに)が 欲(ほ)しいですか。

李　：　欲(ほ)しい 物(もの)は たくさん あります。恋人(こいびと)。お金(かね)。

佐藤：　卒業(そつぎょう)の 後(あと)は 何(なに)を する つもりですか。

李　：　大学院(だいがくいん)に 入(はい)りたいです。勉強(べんきょう)しながら 翻訳(ほんやく)の 仕事(しごと)を したいです。

佐藤：　私(わたし)は 将来(しょうらい) 科学(かがく)を 教(おし)える 先生(せんせい)に なりたいです。

李　：私は 早く 結婚したいです。でも 勉強も したいです。
　　　もっと 時間が 欲しいです。

佐藤：李さん、ここ いいですね。また 遊びに 来ませんか。

새 단어

なる 되다	お土産 선물	そろそろ 슬슬	沖縄 오키나와
街 거리	たくさん 많이	海 바다	京都 교토
お腹 배	ぺこぺこ 고프다	両親 부모	迎える 마중가다
空港 공항	欲しい 갖고싶다, 필요하다	恋人 애인	卒業 졸업
つもり 작정	大学院 대학원	翻訳 번역	仕事 일, 직업
将来 장래	科学 과학	結婚 결혼	もっと 더
時間 시간			

李　：어제는 선물을 사러 갔었어요. 그 후 영화를 보러 갔습니다.
佐藤：그렇습니까? 곧 겨울방학이네요. 오키나와에 가고 싶습니다.
李　：따뜻한 오키나와에서 무엇이 하고 싶습니까?
佐藤：거리를 걸으면서 사진을 많이 찍고 싶어요. 또 바다에서 헤엄치고 싶습니다.
李　：저는 오래되고 조용한 교토를 여행하고 싶습니다. 아. 배고파.
佐藤：뭔가 먹으면서 이야기하지요. 찬 것도 마시고 싶군요.
李　：내일은 부모를 마중하러 공항에 갑니다. 서울에서 만나러 옵니다.
佐藤：그래요? 저도 여자 친구를 만나고 싶습니다. 이 씨는 지금 무엇이 갖고 싶나요?
李　：갖고 싶은 것은 많습니다. 애인. 돈.
佐藤：졸업 후는 무엇을 할 생각입니까?
李　：대학원에 들어가고 싶습니다. 공부하면서 번역 일을 하고 싶어요.
佐藤：저는 장래 과학을 가르치는 선생님이 되고 싶습니다.
李　：저는 빨리 결혼하고 싶어요. 하지만 공부도 하고 싶어요. 좀 더 시간이 필요하네요.
佐藤：이 씨. 여기 좋네요. 또 놀러 오지 않을래요?

● 문법 포인트

1 (ます형) ~に : ~하러 (목적)

忘れ物を 取りに 行きます。

買い物を しに 行きました。

公園へ 遊びに 来ませんか。

図書館へ 本を 返しに 行く つもりです。

2 (ます형) ~たい : ~하고 싶다 (희망)

芸能人に なりたい。

見たい 番組は 何ですか。

飛行機に 乗りたいですね。

甘いのは 飲みたく ありません。

早く 上手に なりたく ないですか。

※ ~たがる(~하고 싶어 하다)

子供は アニメを 見たがります。

鈴木さんも 一緒に 食べたがって います。

3 명사 が 欲(ほ)しい : 갖고 싶다, 필요하다

何(なに)が 欲(ほ)しいですか。

別(べつ)に 欲(ほ)しい物(もの)は ありません。

車(くるま)は 欲(ほ)しく ありません。

※ 欲(ほ)しがる (갖고 싶어 하다)

母(はは)は 指輪(ゆびわ)を 欲(ほ)しがって います。

安(やす)っぽい 物(もの)は 欲(ほ)しがりません。

4 (ます형) ~ながら : ~ 하면서 (동시동작)

お茶(ちゃ)を 飲(の)みながら 新聞(しんぶん)を 読(よ)みます。

音楽(おんがく)を 聞(き)きながら 歌(うた)を 歌(うた)います。

テレビを 見(み)ながら ご飯(はん)を 食(た)べます。

たばこを 吸(す)いながら 電話(でんわ)を します。

새 단어

- 忘(わす)れ物(もの) 물건을 깜박 잊음
- 取(と)る 잡다, 취하다
- 返(かえ)す 반납하다
- 芸能人(げいのうじん) 예능인
- 番組(ばんぐみ) TV프로
- 飛行機(ひこうき) 비행기
- アニメ 애니메이션
- 別(べつ)に 별로, 그다지
- 指輪(ゆびわ) 반지
- 安(やす)っぽい 값싸다, 싸구려 같다

● 패턴 연습

1 A： 何(なに)を しに 行(い)きますか。

B： (花火(はなび))を (見(み))に 行(い)きます。

① 写真(しゃしん) 撮(と)る　　② 牛肉(ぎゅうにく) 食(た)べる

③ 友(とも)だち 迎(むか)える　　④ ゆっくり 寝(ね)る

⑤ 傘(かさ) 借(か)りる　　⑥ 先輩(せんぱい) 手伝(てつだ)う

2 A： (先生(せんせい)に) (なり)たいですか。

B： はい、(なり)たいです。

いいえ、(なり)たく ありません。

① 牛乳(ぎゅうにゅう)を 飲(の)む　　② お風呂(ふろ)に 入(はい)る

③ 少(すこ)し 休(やす)む　　④ 一泊(いっぱく) 泊(と)まる

3 A： 何(なに)が 欲(ほ)しいですか。

B： (小(ちい)さい 車(くるま))が 欲(ほ)しいです。

① 大(おお)きい パソコン　　② 新(あたら)しい デジカメ

③ 可愛(かわい)い 人形(にんぎょう)

4 (お茶(ちゃ)を 飲(の)み) ながら (仕事(しごと)を し) ます。

① 泣(な)く　テレビを 見(み)る

② 音楽(おんがく)を 聞(き)く　本(ほん)を 読(よ)む

③ 散歩(さんぽ)を する　話(はなし)を する

④ ピアノを 弾(ひ)く 歌(うた)う

⑤ 働(はたら)く　大学(だいがく)に 通(かよ)う

⑥ 辞書(じしょ)を 見(み)る　言葉(ことば)を 覚(おぼ)える

새 단어

花火(はなび) 불꽃놀이	牛肉(ぎゅうにく) 소고기	ゆっくり 천천히, 푹	お風呂(ふろ)に入(はい)る 목욕하다
一泊(いっぱく) 1박	泊(と)まる 머물다, 묵다	パソコン 퍼스널컴퓨터	可愛(かわい)い 귀엽다
泣(な)く 울다	散歩(さんぽ) 산책	話(はなし) 이야기	弾(ひ)く 치다
歌(うた)う 노래하다	通(かよ)う 다니다	言葉(ことば) 단어	覚(おぼ)える 외우다

第13課　朝 起きて 顔を 洗って

朝 起きて 顔を 洗って 朝ご飯を 食べて 歯を 磨いて 上着を 着て 靴を 履いて かばんを 持って ドアを 開けて 家を 出て 電車に 乗って 新宿駅で 乗り換えて 渋谷駅で 降りて 学校へ 行って 問題を 読んで 答えを 書いて 友だちに 会って コーヒーを 飲んで タクシーを 呼んで 買物を して 家へ 帰って 服を 脱いで お風呂に 入って テレビを 見て 犬と 遊んで 電気を 消して 寝ます。

佐藤：　ここは 電気が ついて いますね。

李　：　ええ、雨は まだ 降って います。風も 吹いて います。

佐藤：　みんな 傘を さして、歩いて います。

李　：　吉田さんは 上野さんと 話して いますね。

佐藤：　珍しいですね。上野さん スカートを はいて いますよ。

李　：　本当。あ、あそこに 座わって いる 人 知って いますか。

佐藤：　眼鏡を かけて いる 人ですね。
　　　　隣に 住んで いる 林さんです。

李　：　家族は 旅行で 日本に 来て います。

明日(あした) 東京(とうきょう)タワーへ 行(い)きたいですが。

ちょっと 教(おし)えて ください。

佐藤： この 地図(ちず)を 見(み)てよく 聞(き)いて ください。

李　： ゆっくり 説明(せつめい)して ください。

佐藤： ここから まっすぐ 行(い)って 横断歩道(おうだんほどう)を 渡(わた)って ください。

　　　それから 芝公園(しばこうえん)を 左(ひだり)に 曲(ま)がって ください。

李　： はい、その 地図(ちず)を 見(み)せて ください。

佐藤： 分(わ)からない 時(とき)は 駅員(えきいん)さんに 聞(き)いて ください。

李　： 助(たす)かりました。

새 단어

歯(は) 이	磨(みが)く 닦다, 연마하다	上着(うわぎ) 윗도리, 겉옷	靴(くつ) 신발, 구두
履(は)く 신다	ドア 문	出(で)る 나오다, 나가다	乗(の)り換(か)える 갈아타다, 환승하다
降(お)りる 내리다	問題(もんだい) 문제	答(こた)え 답	服(ふく) 옷
脱(ぬ)ぐ 벗다	電気(でんき) 전기	消(け)す 끄다, 지우다	つく 켜지다
風(かぜ) 바람	吹(ふ)く 불다	さす 쓰다(우산)	珍(めずら)しい 신기하다, 드물다
スカート 치마	はく 입다	座(す)わる 앉다	かける 쓰다(안경)
隣(となり) 옆, 이웃	地図(ちず) 지도	説明(せつめい) 설명	まっすぐ 똑바로
横断歩道(おうだんほどう) 횡단보도	渡(わた)る 건너다	芝公園(しばこうえん) 시바공원	曲(ま)がる 돌다, 꺾다
見(み)せる 보여주다	分(わ)からない 모르다	時(とき) 때	駅員(えきいん) 역무원
助(たす)かる 도움되다, 다행이다			

아침 일어나 얼굴을 씻고 아침밥을 먹고 이를 닦고 윗도리를 입고 신발을 신고 가방을 들고 문을 열고 집을 나와 전철을 타고 신쥬쿠 역에서 갈아타 시부야 역에서 내려서 학교 가서 문제를 읽고 답을 쓰고 친구를 만나 커피를 마시고 택시를 불러서 쇼핑을 하고 집에 돌아와 옷을 벗고 목욕하고 텔레비전을 보고 개와 놀고 전기를 끄고 잡니다.

佐藤 : 여기는 전기가 켜 있네요.
李 : 네, 비는 아직 내리고 있네요. 바람도 불고 있어요.
佐藤 : 모두 우산을 쓰고, 걷고 있습니다.
李 : 요시다 씨는 우에노 씨랑 이야기하네요.
佐藤 : 웬일입니까? 우에노 씨 치마를 입었네요.
李 : 정말. 아, 저기에 앉아 있는 사람 알아요?
佐藤 : 안경을 쓴 사람이죠? 옆집에 살고 있는 하야시 씨입니다.
李 : 가족은 여행으로 일본에 와 있어요.
내일 동경 타워에 가고 싶은데 좀 가르쳐 주세요.
佐藤 : 이 지도를 보고 잘 들으세요.
李 : 천천히 설명해 주세요.
佐藤 : 여기에서 똑바로 가서 횡단보도를 건너 주세요.
그리고 시바공원을 왼쪽으로 꺾으세요.
李 : 네, 그 지도를 보여 주세요.
佐藤 : 모를 때는 역무원에게 물으세요.
李 : 다행이네요.

● 문법 포인트

1 ～て ： ～ 하고, 해서 (연결, 이유)

◎ 1류동사

종류	어미 → 변화	例
い音便	く → いて	書く → 書いて
	ぐ → いで	急ぐ → 急いで
促音便	う → って	買う → 買って
	つ → って	待つ → 待って
	る → って	取る → 取って
撥音便	ぬ → んで	死ぬ → 死んで
	む → んで	読む → 読んで
	ぶ → んで	遊ぶ → 遊んで
	す → して	話す → 話して

예외 : 行く →行って

◎ 2류동사 :「~~る~~」를 탈락시키고「て」가 붙는다.

~~る~~ + て
見~~る~~ → みて
起き~~る~~ → おきて
食べ~~る~~ → たべて
寝~~る~~ → ねて

◎ 3류동사 :「来る」는 「きて」,「する」는 「して」

2 ~て います : ~고 있습니다, ~어 있습니다.

◎ 진행 : 타동사+て いる

料理(りょうり)を 作(つく)って います。

日本語(にほんご)を 習(なら)って います。

◎ 결과 : 자동사+て いる

窓(まど)が 開(あ)いて います。

電気(でんき)が ついて います。

◎ 단순상태 : 상태성 동사 (예 : 知(し)る· 似(に)る· 結婚(けっこん)する· 死(し)ぬ)+て いる

結婚(けっこん)して います。

人(ひと)が 死(し)んで います。

母(はは)に 似(に)て います。

★ **참고** ~て ある : ~게 (되어)있다. (인위적인 행동결과)

※ 타동사가 오지만「を」를 사용하지 않고, 상태이므로「が」를 사용.

字(じ)を 書(か)く → 字(じ)が 書(か)いて ある

絵(え)を 貼(は)る → 絵(え)が 貼(は)って ある

※ (단순한 상태) 本(ほん)が 並(なら)んで いる

(누군가 일부러 인위적인 결과) 本(ほん)が 並(なら)べて ある

(단순한 상태) 窓(まど)が 開(あ)いて いる

(누군가 일부러 인위적인 결과) 窓(まど)が 開(あ)けて ある

3 ～て : ～해, ～て ください : ～해 주세요 (부탁)

～て くださいませんか : ～해 주시지 않겠습니까?

ちょっと 教(おし)えて。

お金(かね)を 入(い)れて ください。

ちょっと 待(ま)って くださいませんか。

私(わたし)に 見(み)せて。

降(お)りて ください。

新幹線(しんかんせん)に 乗(の)って くださいませんか。

새 단어

急(いそ)ぐ 서두르다	習(なら)う 배우다	窓(まど) 창문	開(あ)く 열리다
似(に)る 닮다	字(じ) 글자, 글씨	絵(え) 그림	貼(は)る 붙이다
並(なら)ぶ 나열되다	並(なら)べる 나열하다	見(み)せる 보이다	

● 패턴 연습

1 A： (ご飯(はん)を 食(た)べる) 前(まえ)に (手(て)を 洗(あら)い)ます。

B： (手(て)を 洗(あら)っ) てから (ご飯(はん)を 食(た)べ)ます。

① 寝(ね)る　シャワーを 浴(あ)びる

② コーヒーを 飲(の)む　砂糖(さとう)を 入(い)れる

③ 帰(かえ)る　本屋(ほんや)に 寄(よ)る

④ 手紙(てがみ)を 出(だ)す　切手(きって)を 貼(は)る

⑤ 薬(くすり)を 飲(の)む　食事(しょくじ)を する

⑥ テレビを 見(み)る　お風呂(ふろ)に 入(はい)る

2 A： (電気(でんき))が (つい)て いますか。

B： はい、(つい)て います。

いいえ、(つい)て いません。

① ドア 開(あ)く　② 車(くるま) 止(と)まる

③ ドア 閉(し)まる　④ 本(ほん) 並(なら)ぶ

⑤ 桜(さくら) 咲(さ)く　⑥ お金(かね) 入(はい)る

3 A： 何(なに)を して いますか。

B： (一人(ひとり)で 歩(ある)い)て います。

① 歌(うた)を 歌(うた)う　　② セーターを 着(き)る

③ 立(た)つ　　④ 大学院(だいがくいん)に 通(かよ)う

⑤ 帽子(ぼうし)を かぶる　　⑥ 会社(かいしゃ)に 勤(つと)める

4 A： (荷物(にもつ)を 持(も)っ)て ください。

B： はい、わかりました。

① 電気(でんき)を つける　　② 気(き)を つけて 帰(かえ)る

③ 電話番号(でんわばんごう)を 教(おし)える　　④ ボタンを 押(お)す

⑤ 明日(あした) 早(はや)く 来(く)る　　⑥ 原宿駅(はらじゅくえき)で 乗(の)り換(か)える

새 단어

シャワー 샤워	浴(あ)びる 뒤집어쓰다	砂糖(さとう) 설탕	入(い)れる 넣다
寄(よ)る 들르다	出(だ)す 부치다, 내다	止(と)まる 멈추다, 서다	閉(し)まる 닫히다
桜(さくら) 벚꽃	咲(さ)く 피다	かぶる 쓰다	勤(つと)める 근무하다
つける 켜다	気(き)をつける 조심하다	電話番号(でんわばんごう) 전화번호	ボタン 버튼
押(お)す 누르다	原宿(はらじゅく) 하라주쿠		

第14課　雨が 降ったり 止んだり します

李　：雨が 降ったり 止んだり しますね。

佐藤：え、李さん、顔色が 悪いですね。

病院へ 行った 方が いいじゃ ないですか。

李　：え、大丈夫です。薬を 飲んだばかりです。

3年生の 鈴木さん 知って いますか。

佐藤：名前は 聞いたこと ありますが、まだ 会ったことは ありませんね。

李　：木村さんと 二人は 付き合ったばかりです。

あの 鈴木さんが この 本を くれました。

佐藤：私も もらいましたよ。お礼を 言った 方が いいですね。

李　：佐藤さん、韓国語の 発音が きれいですね。

誰に 教えて もらいましたか。

佐藤：留学生の 朴さんが 教えて くれました。

これからは 李さんに 教えて もらいたいんですが。

李　：ええ、いいですよ。韓国語だったら 教えて あげますよ。

冬休みに なったら 九州へ 行きます。

佐藤： 九州へ 行ったこと ないですか。

李　： ええ。初めてで、旅館に 泊まったことも ありません。

佐藤： そういえば、李さんは 一人暮しですね。日曜日は 忙しいですか。

李　： いいえ、音楽を 聞いたり 料理を したり します。

佐藤： 料理は 上手ですか。

李　： 美味しかったり まずかったり します。

佐藤： 雨が 降ったら、どうしますか。

李　： 雨だったら、一日中 家で ごろごろ します。

佐藤： 気分転換に 何を しますか。

李　： 床屋で 髪を 切ったり おいしい コーヒーを 飲んだり します。

새 단어

止む 그치다	顔色 안색	悪い 나쁘다	大丈夫 괜찮다
付き合う 사귀다	くれる 주다	もらう 받다	お礼 인사
発音 발음	留学生 유학생	これから 지금부터	初めて 처음
旅館 여관	泊まる 머물다	そういえば 그러고보니	一人暮し 혼자지내기
一日中 하루종일	ごろごろ 빈둥빈둥, 데굴데굴	気分転換 기분전환	床屋 이발소
髪 머리			

李　：　비가 내리다 말다 하네요.

佐藤：　예, 이 씨, 안색이 안 좋은데요. 병원에 가는 게 좋지 않을까요?

李　：　예. 괜찮습니다. 약 먹은 지 얼마 안 됩니다.

　　　　3학년 스즈키 씨 알아요?

佐藤：　이름은 들은 적 있지만, 아직 만난 적은 없습니다.

李　：　기무라 씨와 둘은 사귄지 얼마 안돼요. 그 스즈키 씨가 이 책을 주었습니다.

佐藤：　저도 받았잖아요. 고맙다고 얘기 하는 게 좋겠네요.

李　：　사토 씨. 한국어 발음이 좋네요. 누구한테 가르쳐 받았나요?

佐藤：　유학생 박 씨가 가르쳐 주었습니다. 앞으로는 이 씨한테 배우고 싶은데요.

李　：　예, 좋지요. 한국어라면 가르쳐 드리지요. 겨울방학이 되면 큐슈에 갑니다.

佐藤：　큐슈에 간 적 없습니까?

李　：　예, 처음이고, 여관에 머문 적도 없습니다.

佐藤：　그러고 보니, 이 씨는 혼자 생활하시죠? 일요일은 바쁜가요?

李　：　아니요, 음악을 듣거나 요리를 합니다.

佐藤：　요리는 잘합니까?

李　：　맛있을 때도 있고 맛없을 때도 있습니다.

佐藤：　비가 오면 어떻게 합니까?

李　：　비라면 하루 종일 집에서 빈둥빈둥 거립니다.

佐藤：　기분 전환으로 뭐 합니까?

李　：　이발소에서 머리를 자르거나 맛있는 커피를 마시지요.

● 문법 포인트

1 ～た ：～했다 (과거)

◎ 1류 동사

종류	어미 → 변화	例
い音便	く → いた	書く → かいた
	ぐ → いだ	急ぐ → いそいだ
促音便	う → った	笑う → わらった
	つ → った	持つ → もった
	る → った	ある → あった
撥音便	ぬ → んだ	死ぬ → しんだ
	む → んだ	住む → すんだ
	ぶ → んだ	呼ぶ → よんだ
	す → した	指す → さした

예외 ： 行く → 行った

◎ 2류동사 :「る」만 탈락+「た」를 붙인다.

~~る~~ + た
い~~る~~ → いた
起き~~る~~ → おきた
寝~~る~~ → ねた
出~~る~~ → でた

◎ 3류동사 :「来(く)る」→「きた」,「する」→「した」

風邪(かぜ)も 引(ひ)いたんですね。

財布(さいふ)を 落(お)としたんですか。

❶ ~た 方(ほう)が いい : ~하는 편이 낫다 (조언, 충고)

早(はや)く 止(や)めた 方(ほう)が いいです。

静(しず)かな 所(ところ)を 探(さが)した 方(ほう)が いいです。

❷ ~たばかり : ~한지 얼마 안 된다

昨日(きのう) 着(つ)いたばかりです。

運転免許(うんてんめんきょ)を 取(と)ったばかりです。

❸ ~たこと : ~한 적 (경험)

この 話(はな)し 聞(き)いたこと あります。

フランス語(ご)を 習(なら)ったことは 一度(いちど)も ありません。

2 ~たり : ~하거나

◎ 명사 : 명사+「だったり」

◎ な형용사 : 「~~だ~~」→「だったり」

◎ い형용사 : 「~~い~~」→「かったり」

寿司(すし)だったり 刺身(さしみ)だったり します。

高かったり 安かったり します。

真面目だったり 不真面目だったり します。

泣いたり 笑ったり しませんか。

3 ~たら : ~으(하)면, 하니, 하자 (가정)

확정조건·충고·희망·허가·의지·명령·부탁

よかったら あなたに あげますよ。

あなただったら どう しますか。

暇だったら 山に 登ります。

薬を 飲んだら すぐ 治ります。

先生に 会ったら よろしく 伝えてください。

4 もらう (받다), あげる (주다), くれる (주다)

A ▩ ⇒ B

Aは Bに ▩を あげる。(주다)

Bは Aに(から) ▩を もらう。(받다)

金さんは 山田さんに 報告書を あげます。

山田さんは 金さんに 報告書を もらいます。

本(ほん)を 貸(か)して あげました。

電話番号(でんわばんごう)を 教(おし)えて もらいました。

A ▩ ⇒ B

Aは Bに ▩を くれる。(주다)

★남이 나(나의 가족, 내가 소속한 단체)에게★

友(とも)だちが 私(わたし)に 花束(はなたば)を くれました。

連(つ)れて きて くれて ありがとう。

새 단어

風邪(かぜ)を引(ひ)く 감기걸리다	落(お)とす 떨어뜨리다	止(や)める 그만두다	探(さが)す 찾다
運転免許(うんてんめんきょ) 운전면허	フランス語(ご) 프랑스어	一度(いちど) 한번	寿司(すし) 초밥
刺身(さしみ) 회	不真面目(ふまじめ)だ 불성실하다	治(なお)る 낫다	伝(つた)える 전하다
報告書(ほうこくしょ) 보고서	花束(はなたば) 꽃다발	連(つ)れる 데리고오다(가다), 동반하다	

● 패턴 연습

1 A： 休(やす)みの 日(ひ)は 何(なに)を しますか。

B： (映画(えいが)を 見(み))たり (遊(あそ)ん)だり します。

① 歌(うた)を 聴(き)く　テレビを 見(み)る

② 海(うみ)で 泳(およ)ぐ　山(やま)に 登(のぼ)る

③ 漫画(まんが)を 読(よ)む　ゲームを する

④ 昼寝(ひるね)する　銭湯(せんとう)に 行(い)く

2 A： (地下鉄(ちかてつ))は どうですか。

B： (便利(べんり)だっ)たり (不便(ふべん)だっ)たり します。

① ドラマ 面白(おもしろ)い つまらない

② 天気(てんき) 晴(は)れる 曇(くも)る

③ 値段(ねだん) 高(たか)い 安(やす)い

④ お城(しろ) 賑(にぎ)やかだ 静(しず)かだ

⑤ 鍵(かぎ) 古(ふる)い 壊(こわ)れている

⑥ 店員(てんいん) 親切(しんせつ)だ 不親切(ふしんせつ)だ

3 A： (怪我(けが)で 入院(にゅういん)し)たこと ありますか。

B： いいえ、ありません。

① 財布(さいふ)を 忘(わす)れる

② 宝(たから)くじに 当(あ)たる

③ 動物(どうぶつ)を 飼(か)う

④ 友達(ともだち)と 喧嘩(けんか)する

⑤ 振(ふ)られる

⑥ 外国(がいこく)で 暮(く)らす

4 A：(どの 電車(でんしゃ)に 乗(の)っ)たら いいですか。

B：(山手線(やまのてせん))ですよ。

① どこで 乗(の)り換(か)える　梅田駅(うめだえき)

② どの 窓口(まどぐち)に 行(い)く　3番(さんばん)の 窓口(まどぐち)

③ どこで 買(か)う　さくらや

④ どう やって 行(い)く　真(ま)っ直(す)ぐ 行(い)って 右(みぎ)

5 A：どう したら いいですか。

B：(　　　　) た方(ほう)が いいです。

① 病院(びょういん)へ 行(い)く

② 早(はや)く 連絡(れんらく)する

③ 新(あたら)しい 物(もの)に 取(と)り替(か)える

④ 彼氏(かれし)と 別(わか)れる

⑤ 先生(せんせい)と 相談(そうだん)する

⑥ もう 少(すこ)し 考(かんが)える

6 A： (　　　　)て もらいたいですが。

B： いいですよ。(　　　　)て あげましょう。

① 道(みち)を 教(おし)える

② 正(ただ)しく 直(なお)す

③ 荷物(にもつ)を 持(も)つ

④ 小包(こづつみ)を 届(とど)ける

⑤ セーターを 編(あ)む

⑥ 会場(かいじょう)まで 送(おく)る

새 단어

聴(き)く (노래)듣다
銭湯(せんとう) 목욕탕
晴(は)れる 개다
鍵(かぎ) 열쇠
入院(にゅういん) 입원
動物(どうぶつ) 동물
外国(がいこく) 외국
窓口(まどぐち) 창구
連絡(れんらく) 연락
相談(そうだん) 상담
正(ただ)しく 바르게, 제대로
セーター 스웨터

漫画(まんが) 만화
地下鉄(ちかてつ) 지하철
曇(くも)る 흐리다
壊(こわ)れる 부서지다
忘(わす)れる 잊다
飼(か)う 키우다
暮(く)らす 지내다
さくらや 사쿠라야
取(と)り替(か)える 교체하다, 바꾸다
少(すこ)し 조금
直(なお)す 고치다
編(あ)む 짜다

ゲーム 게임
ドラマ 드라마
値段(ねだん) 가격, 값
店員(てんいん) 점원
宝(たから)くじ 복권
喧嘩(けんか) 싸움
山手線(やまのてせん) 야마노테선
どうやって 어떻게
彼氏(かれし) 남자친구
考(かんが)える 생각하다
小包(こづつみ) 소포
会場(かいじょう) 회장

昼寝(ひるね) 낮잠
つまらない 재미없다
お城(しろ) 성
怪我(けが) 상처
当(あ)たる 당첨되다
振(ふ)られる 차이다
梅田(うめだ) 우메다
右(みぎ) 오른쪽
別(わか)れる 헤어지다
道(みち) 길
届(とど)ける 배달하다
送(おく)る 보내다

第15課　飲まないで ください

佐藤：空もようが おかしいですね。雨でも 降りそうですね。

李　：天気予報によると、雨が 降るそうですよ。晴れ後 曇りだそうです。

佐藤：富士山は 初雪が 降ったそうですね。私は ちょっと 風邪気味です。

李　：あまり 無理しないで ください。お酒も 飲まないで ください。体に 気を つけなくては いけません。

佐藤：そうですね。明日までに レポートを 出さなければ なりません。

李　：私も 図書館に 行かなきゃ なりません。

佐藤：あの 信号 赤ですね。渡っては いけませんね。

李　：交通の 規則を 守らなければ なりません。

佐藤：さあ、青に なりました。もう 渡っても いいです。

李　：図書館では 大きな 音を 出しては いけませんね。

佐藤：はい、携帯電話は 持ち込んでも いいです。

でも マナモードに しなくては いけません。

李　：お金を 払わなければ なりませんか。

佐藤：いいえ、お金(かね)は 払(はら)わなくても いいです。

李　：ここに 車(くるま)を 止(と)めても いいですか。

佐藤：ここは 駐車禁止(ちゅうしゃきんし)ですので 止(と)めないで ください。

李　：もう 中(なか)に 入(はい)っても いいですか。

佐藤：はい、これは 分(わ)からない 言葉(ことば)が たくさん あって 難(むずか)しそうな本ですね。

李　：先生(せんせい)の 話(はなし)に よると 本当(ほんとう)に 難(むずか)しいそうですね。

佐藤：私(わたし)は 明日(あした) 早(はや)めに 行(い)きます。李さんも 遅(おく)れないで ください。

새 단어

空(そら) 하늘	もよう 모양	おかしい 이상하다	予報(よほう) 예보
よる 따르다, 의하다	晴れ後曇り(はれのちくもり) 맑음 후 흐림	富士山(ふじさん) 후지산	初雪(はつゆき) 첫눈
風邪気味(かぜぎみ) 감기기운	無理(むり) 무리	体(からだ) 몸	気(き)をつける 조심하다
レポート 레포트	赤(あか) 빨강	規則(きそく) 규칙	守(まも)る 지키다
さあ 자	青(あお) 파랑	音(おと) 소리	持ち込む(もちこむ) 지참하다
マナモード 매너모드	払(はら)う 지불하다	止(と)める 세우다	駐車禁止(ちゅうしゃきんし) 주차금지
分(わ)からない 모르다	言葉(ことば) 단어, 말	たくさん 많이	早(はや)め 좀 일찍, 일찌감치
遅(おく)れる 늦어지다			

佐藤 : 하늘모양이 이상합니다. 비라도 내릴 것 같습니다.

李 : 일기예보에 의하면 비가 온다고 합니다. 맑음 후 흐림이라고 하던데요.

佐藤 : 후지산은 첫 눈이 내렸다고 합니다. 저는 좀 감기기운이 있어요.

李 : 너무 무리하지 마세요. 술도 마시지 마세요. 몸 조심해야 합니다.

佐藤 : 그렇습니다. 내일까지 레포트를 내야 합니다.

李 : 저도 도서관에 가야 합니다.

佐藤 : 저 신호 빨강이네요. 건너가서는 안됩니다.

李 : 교통규칙을 지켜야만 하지요.

佐藤 : 자, 파랑이 되었습니다. 이제 건너도 됩니다.

李 : 도서관에서는 큰소리를 내서는 안 되지요.

佐藤 : 네, 휴대폰은 갖고 들어 와도 되지요. 하지만 진동으로 하지 않으면 안 됩니다.

李 : 돈을 지불해야 하나요?

佐藤 : 아니요. 돈은 지불하지 않아도 됩니다.

李 : 여기에 차를 세워도 될까요?

佐藤 : 여기는 주차금지니까, 세우지 마세요.

李 : 이제 안에 들어가도 되나요?

佐藤 : 네. 이것은 모르는 단어가 많아서 어려워 보이는 책입니다.

李 : 선생님의 이야기에 의하면, 정말로 어렵다고 합니다.

佐藤 : 저는 내일 좀 일찍 갑니다. 이 씨도 늦지 마세요.

● 문법 포인트

1 ～ても いいです ： ～도 됩니다 (허가)

～ては いけません ： ～서는 안 됩니다 (금지)

たばこを 吸っても いいです。

少し 休んでも いいですか。

美術館で 写真を 撮っては いけません。

財布を 盗んでは いけません。

2 ～ない ： ～지 않다 (부정)

◎ 1류동사 : u → a +「ない」

u단 → a단 + ない	例
う→わ ない	洗う → あらわない
く→か ない	磨く → みがかない
す→さ ない	押す → おさない
つ→た ない	打つ → うたない
ぬ→な ない	死ぬ → しなない
ぶ→ば ない	飛ぶ → とばない
む→ま ない	読む → よまない
る→ら ない	成る → ならない

★주의★ 「う」는「あ」가 아닌「わ」로 바꾼다.

買う→かわない 会う→あわない 笑う→わらわない 吸う→すわない

◎ 2류동사 :「~~る~~」만 탈락+「ない」

~~る~~+ない
見~~る~~ → みない
起き~~る~~ → おきない
食べ~~る~~ → たべない
寝~~る~~ → ねない

◎ 3류동사 : 「来(く)る(오다)」→「こない」

「する(하다)」→「しない」

こんなに 混(こ)むなんて 思(おも)わなかった。

一緒(いっしょ)に 行(い)きたい人(ひと) 誰(だれ)か いない。

❶ ~ないで : ~ 하지 않고 (나열, 열거, 부대상황)

~ないで ください : ~지 말아 주세요 (금지)

❷ ~なくても いいです : ~지 않아도 됩니다 (불필요)

❸ ~なくては いけません : ~지 않으면 안됩니다 (의무)

❹ ~なければ なりません : ~지 않으면 안됩니다(의무)

鍵(かぎ)を かけないで 出(で)かけて しまいました。

辞書(じしょ)を 引(ひ)かないで 英語(えいご)を 読(よ)むことが できますか。

ごみを 捨(す)てないで ください。

授業中(じゅぎょうちゅう)に ガムを 噛(か)まないで ください。

何(なに)も 持(も)って 来(こ)なくても いいです。

きれいに 片付(かたづ)けなくては いけません。

お使(つか)いに 行(い)かなければ なりません。

繰(く)り返(かえ)して 練習(れんしゅう)しなければ なりません。

3 ます형+そうだ : ~인 것 같다, ~인 듯하다 (양태)

社員(しゃいん)は 真面目(まじめ)そうです。

この ガラスは 今(いま)にも 割(わ)れそうです。

社長(しゃちょう)は 寂(さび)しそうに お酒(さけ)を 飲(の)んで います。

★주의★

「いい」는 「よさそうだ」, 「ない」는 「なさそうだ」

山田君(やまだくん)は 頭(あたま)が よさそうです。あまり 面白(おもしろ)く なさそうです。

4 원형+そうだ : ~라고 한다 (전문)

あの 人(ひと)は サッカー選手(せんしゅ)だそうです。

野菜(やさい)は 嫌(きら)いだそうです。

残業(ざんぎょう)で 行(い)けないそうです。

새 단어

- 美術館(びじゅつかん) 미술관
- 一緒(いっしょ)に 같이
- 授業中(じゅぎょうちゅう) 수업중
- お使(つか)いに行(い)く 심부름가다
- ガラス 유리
- 頭(あたま) 머리
- 盗(ぬす)む 훔치다
- しまう 해버리다
- ガム 껌
- 繰(く)り返(かえ)す 반복하다
- 今(いま)にも 지금이라도
- サッカー 축구
- 混(こ)む 막히다, 혼잡하다
- ごみ 쓰레기
- 噛(か)む 씹다, 물다
- 練習(れんしゅう) 연습
- 割(わ)れる 깨지다
- 選手(せんしゅ) 선수
- 思(おも)う 생각하다
- 捨(す)てる 버리다
- 片付(かたづ)ける 정리하다
- 社員(しゃいん) 사원
- 寂(さび)しい 쓸쓸하다
- 残業(ざんぎょう) 잔업

● 패턴 연습

1 A： (番号（ばんごう）を 間違（まちが）え)ても いいですか。

B： いいえ、(間違（まちが）え)ては いけません。

(間違（まちが）え)ないで ください。

① 友（とも）だちを 呼（よ）ぶ　　② 辞書（じしょ）を 引（ひ）く

③ 廊下（ろうか）を 走（はし）る　　④ 宿題（しゅくだい）を 忘（わす）れる

⑤ この 椅子（いす）に 座（すわ）る　　⑥ 芝生（しばふ）に 入（はい）る

2 A： (これも 買（か）わ)ない。

B： うん、(買（か）い)ましょう。

① 林さんに 話（はな）す　　② もっと 遊（あそ）ぶ

③ 映画（えいが）を 見（み）る　　④ ちゃんと 食（た）べる

⑤ 写真（しゃしん）を 撮（と）る　　⑥ 先輩（せんぱい）を 誘（さそ）う

3 A： (この 小説（しょうせつ）を 読（よ）ま)なければ なりませんか。

B： いいえ、(読（よ）ま)なくても いいです。

① 1時（じ）までに 着（つ）く　　② 靴（くつ）を 脱（ぬ）ぐ

③ 今（いま） 決（き）める　　④ 試験（しけん）を 受（う）ける

⑤ 急（いそ）ぐ　　⑥ そんなに 謝（あやま）る

4 A：（この 演劇(えんげき)）は（面白(おもしろ)）そうですね。

B：はい、（面白(おもしろ)い）そうですよ。

① テスト　難(むずか)しく ない

② 赤(あか)ちゃん　元気(げんき)だ

③ 花瓶(かびん)　壊(こわ)れる

④ お菓子(かし)　美味(おい)しい

⑤ 林(はやし)さん　日本語(にほんご)が できる

⑥ 梅雨(つゆ)　長(なが)い

새 단어

間違(まちが)える 틀리다　辞書(じしょ)を引(ひ)く 사전을찾다　廊下(ろうか) 복도　芝生(しばふ) 잔디

誘(さそ)う 권하다, 유혹하다, 불러내다　小説(しょうせつ) 소설　決(き)める 정하다　謝(あやま)る 사과하다

演劇(えんげき) 연극　花瓶(かびん) 꽃병　梅雨(つゆ) 장마

附録

助数詞表

曜日(ようび)
日曜日(にちようび)
月曜日(げつようび)
火曜日(かようび)
水曜日(すいようび)
木曜日(もくようび)
金曜日(きんようび)
土曜日(どようび)
何曜日(なんようび)

月
一月(いちがつ)
二月(にがつ)
三月(さんがつ)
四月(しがつ)
五月(ごがつ)
六月(ろくがつ)
七月(しちがつ)
八月(はちがつ)
九月(くがつ)
十月(じゅうがつ)
十一月(じゅういちがつ)
十二月(じゅうにがつ)
何月(なんがつ)

日付(ひづけ)
一日(ついたち)
二日(ふつか)
三日(みっか)
四日(よっか)
五日(いつか)
六日(むいか)
七日(なのか)
八日(ようか)
九日(ここのか)
十日(とおか)
十一日 (じゅういちにち)
十二日(じゅうににち)
十三日(じゅうさんにち)
十四日(じゅうよっか)
十五日(じゅうごにち)
十六日(じゅうろくにち)
十七日(じゅうしちにち)
十八日(じゅうはちにち)
十九日(じゅうくにち)
二十日(はつか)
二十一日(にじゅういちにち)
二十二日(にじゅうににち)
二十三日(にじゅうさんにち)
二十四日(にじゅうよっか)
二十五日(にじゅうごにち)
二十六日(にじゅうろくにち)
二十七日(にじゅうしちにち)
二十八日(にじゅうはちにち)
二十九日(にじゅうくにち)
三十日(さんじゅうにち)
三十一日(さんじゅういちにち)
何日(なんにち)

ヶ月
一ヶ月(いっかげつ)
二ヶ月(にかげつ)
三ヶ月(さんかげつ)
四ヶ月(よんかげつ)
五ヶ月(ごかげつ)
六ヶ月(ろっかげつ)
七ヶ月(ななかげつ)
八ヶ月(はっかげつ)
九ヶ月(きゅうかげつ)
十ヶ月(じっかげつ)
何ヶ月(なんかげつ)

時
一時(いちじ)
二時(にちじ)
三時(さんじ)
四時(よじ)
五時(ごじ)
六時(ろくじ)
七時(しちじ)
八時(はちじ)
九時(くじ)
十時(じゅうじ)
十一時(じゅういちじ)
十二時(じゅうにじ)
何時(なんじ)

時間
一時間(いちじかん)
二時間(にじかん)
三時間(さんじかん)
四時間(よじかん)
五時間(ごじかん)
六時間(ろくじかん)
七時間(しちじかん)
八時間(はちじかん)
九時間(くじかん)
十時間(じゅうじかん)
何時間(なんじかん)

分
一分(いっぷん)
二分(にふん)
三分(さんぷん)
四分(よんぷん)
五分(ごふん)
六分(ろっぷん)
七分(ななふん)
八分(はっぷん)
九分(きゅうふん)
十分(じっぷん)
何分(なんぷん)

秒
一秒(いちびょう)
二秒(にびょう)
三秒(さんびょう)
四秒(よんびょう)
五秒(ごびょう)
六秒(ろくびょう)
七秒(しちびょう, ななびょう)
八秒(はちびょう)
九秒(きゅうびょう)
十秒(じゅうびょう)
何秒(なんびょう)

年
一年(いちねん)
二年(にねん)
三年(さんねん)
四年(よねん)
五年(ごねん)
六年(ろくねん)
七年(しちねん, ななねん)
八年(はちねん)
九年(きゅうねん)
十年(じゅうねん)
何年(なんねん)

数
一つ(ひとつ)
二つ(ふたつ)
三つ(みっつ)
四つ(よっつ)
五つ(いつつ)
六つ(むっつ)
七つ(ななつ)
八つ(やっつ)
九つ(ここのつ)
十 (とお)
十一(じゅういち)
幾つ(いくつ)

人
一人(ひとり)
二人(ふたり)
三人(さんにん)
四人(よにん)
五人(ごにん)
六人(ろくにん)
七人(しちにん)
八人(はちにん)
九人(きゅうにん)
十人(じゅうにん)
何人(なんにん)

名
一名(いちめい)
二名(にめい)
三名(さんめい)
四名(よんめい)
五名(ごめい)
六名(ろくめい)
七名(しちめい)
八名(はちめい)
九名(きゅうめい)
十名(じゅうめい)
何名(なんめい)

歳
一歳(いっさい)
二歳(にさい)
三歳(さんさい)
四歳(よんさい)
五歳(ごさい)
六歳(ろくさい)
七歳(ななさい)
八歳(はっさい)
九歳(きゅうさい)
十歳(じっさい)
何歳(なんさい)

番
一番(いちばん)
二番(にばん)
三番(さんばん)
四番(よんばん)
五番(ごばん)
六番(ろくばん)
七番(ななばん)
八番(はちばん)
九番(きゅうばん)
十番(じゅうばん)
何番(なんばん)

円
一円(いちえん)
二円(にえん)
三円(さんえん)
四円(よえん)
五円(ごえん)
六円(ろくえん)
七円(ななえん)
八円(はちえん)
九円(きゅうえん)
十円(じゅうえん)
幾ら(いくら)

枚
一枚(いちまい)
二枚(にまい)
三枚(さんまい)
四枚(よんまい)
五枚(ごまい)
六枚(ろくまい)
七枚(ななまい)
八枚(はちまい)
九枚(きゅうまい)
十枚(じゅうまい)
何枚(なんまい)

個
一個(いっこ)
二個(にこ)
三個(さんこ)
四個(よんこ)
五個(ごこ)
六個(ろっこ)
七個(ななこ)
八個(はっこ)
九個(きゅうこ)
十個(じゅっこ, じっこ)
何個(なんこ)

冊
一冊(いっさつ)
二冊(にさつ)
三冊(さんさつ)
四冊(よんさつ)
五冊(ごさつ)
六冊(ろくさつ)
七冊(ななさつ)
八冊(はっさつ)
九冊(きゅうさつ)
十冊(じゅっさつ, じっさつ)
何冊(なんさつ)

本
一本(いっぽん)
二本(にほん)
三本(さんぼん)
四本(よんほん)
五本(ごほん)
六本(ろっぽん)
七本(ななほん)
八本(はっぽん)
九本(きゅうほん)
十本(じゅっぽん, じっぽん)
何本(なんぼん)

足
一足(いっそく)
二足(にそく)
三足(さんぞく)
四足(よんそく)
五足(ごそく)
六足(ろくそく)
七足(ななそく)
八足(はっそく)
九足(きゅうそく)
十足(じゅっそく, じっそく)
何足(なんぞく)

杯
一杯(いっぱい)
二杯(にはい)
三杯(さんばい)
四杯(よんはい)
五杯(ごはい)
六杯(ろっぱい)
七杯(ななはい)
八杯(はっぱい)
九杯(きゅうはい)
十杯(じゅっぱい)
何杯(なんばい)

匹
一匹(いっぴき)
二匹(にひき)
三匹(さんびき)
四匹(よんひき)
五匹(ごひき)
六匹(ろっぴき)
七匹(ななひき)
八匹(はっぴき)
九匹(きゅうひき)
十匹(じゅっぴき, じっぴき)
何匹(なんびき)

羽
一羽(いちわ)
二羽(にわ)
三羽(さんば)
四羽(よんわ)
五羽(ごわ)
六羽(ろくわ, ろっぱ)
七羽(ななわ)
八羽(はちわ, はっぱ)
九羽(きゅうわ)
十羽(じっぱ)
何羽(なんば)

頭
一頭(いっとう)
二頭(にとう)
三頭(さんとう)
四頭(よんとう)
五頭(ごとう)
六頭(ろくとう)
七頭(ななとう)
八頭(はっとう)
九頭(きゅうとう)
十頭(じっとう)
何頭(なんとう)

着
一着(いっちゃく)
二着(にちゃく)
三着(さんちゃく)
四着(よんちゃく)
五着(ごちゃく)
六着(ろくちゃく)
七着(ななちゃく)
八着(はっちゃく)
九着(きゅうちゃく)
十着(じゅっちゃく)
何着(なんちゃく)

軒
一軒(いっけん)
二軒(にけん)
三軒(さんげん)
四軒(よんけん)
五軒(ごけん)
六軒(ろっけん)
七軒(ななけん)
八軒(はっけん)
九軒(きゅうけん)
十軒(じゅっけん)
何軒(なんけん)

台
一台(いちだい)
二台(にだい)
三台(さんだい)
四台(よんだい)
五台(ごだい)
六台(ろくだい)
七台(ななだい)
八台(はちだい)
九台(きゅうだい)
十台(じゅうだい)
何台(なんだい)

隻
一隻(いっせき)
二隻(にせき)
三隻(さんせき)
四隻(よんせき)
五隻(ごせき)
六隻(ろくせき)
七隻(ななせき)
八隻(はっせき)
九隻(きゅうせき)
十隻(じっせき)
何隻(なんせき)

回
一回(いっかい)
二回(にかい)
三回(さんかい)
四回(よんかい)
五回(ごかい)
六回(ろっかい)
七回(ななかい)
八回(はっかい. はちかい)
九回(きゅうかい)
十回(じゅっかい. じっかい)
何回(なんかい)

階
一階(いっかい)
二階(にかい)
三階(さんがい)
四階(よんかい)
五階(ごかい)
六階(ろっかい)
七階(ななかい)
八階(はっかい. はちかい)
九階(きゅうかい)
十階(じゅっかい. じっかい)
何階(なんがい)

丁目
一丁目(いっちょうめ)
二丁目(にちょうめ)
三丁目(さんちょうめ)
四丁目(よんちょうめ)
五丁目(ごちょうめ)
六丁目(ろくちょうめ)
七丁目(ななちょうめ)
八丁目(はっちょうめ)
九丁目(きゅうちょうめ)
十丁目(じゅっちょうめ)
何丁目(なんちょうめ)

番地
一番地(いちばんち)
二番地(にばんち)
三番地(さんばんち)
四番地(よんばんち)
五番地(ごばんち)
六番地(ろくばんち)
七番地(ななばんち)
八番地(はちばんち)
九番地(きゅうばんち)
十番地(じゅうばんち)
何番地(なんばんち)

号
一号(いちごう)
二号(にごう)
三号(さんごう)
四号(よんごう)
五号(ごごう)
六号(ろくごう)
七号(ななごう)
八号(はちごう)
九号(きゅうごう)
十号(じゅうごう)
何号(なんごう)

ページ
一ページ(いっページ)
二ページ(にページ)
三ページ(さんページ)
四ページ(よんページ)
五ページ(ごページ)
六ページ(ろくページ)
七ページ(ななページ)
八ページ(はっページ, はちページ)
九ページ(きゅうページ)
十ページ(じゅっページ)
何ページ(なんページ)

キロ
一キロ(いちキロ)
二キロ(にキロ)
三キロ(さんキロ)
四キロ(よんキロ)
五キロ(ごキロ)
六キロ(ろっキロ)
七キロ(ななキロ, しちキロ)
八キロ(はっキロ, はちキロ)
九キロ(きゅうキロ)
十キロ(じっキロ)
何キロ(なんキロ)

● 動詞活用形

買う(基本形)	買わない(否定形)	買わなかった(過去否定形)
	買わせる(使役形)	買われる(受身形)
	買います(丁寧形)	買いたい(希望形)
	買ったり(例示形)	買って(接続形)
	買った(過去形)	買ったら(仮定形)
	買え(命令形)	買えば(条件形)
	買える(可能形)	
	買おう(意志. 勧誘形)	

書く(基本形)	書かない(否定形)	書かなかった(過去否定形)
	書かせる(使役形)	書かれる(受身形)
	書きます(丁寧形)	書きたい(希望形)
	書いたり(例示形)	書いて(接続形)
	書いた(過去形)	書いたら(仮定形)
	書け(命令形)	書けば(条件形)
	書ける(可能形)	
	書こう(意志. 勧誘形)	

泳ぐ(基本形)	泳がない(否定形)	泳がなかった(過去否定形)
	泳がせる(使役形)	泳がれる(受身形)
	泳ぎます(丁寧形)	泳ぎたい(希望形)
	泳いだり(例示形)	泳いで(接続形)
	泳いだ(過去形)	泳いだら(仮定形)
	泳げ(命令形)	泳げば(条件形)
	泳げる(可能形)	
	泳ごう(意志. 勧誘形)	

貸す(基本形)	貸さない(否定形)	貸さなかった(過去否定形)
	貸させる(使役形)	貸される(受身形)
	貸します(丁寧形)	貸したい(希望形)
	貸したり(例示形)	貸して(接続形)
	貸した(過去形)	貸したら(仮定形)
	貸せ(命令形)	貸せば(条件形)
	貸せる(可能形)	
	貸そう(意志.勧誘形)	

待つ(基本形)	待たない(否定形)	待たなかった(過去否定形)
	待たせる(使役形)	待たれる(受身形)
	待ちます(丁寧形)	待ちたい(希望形)
	待ったり(例示形)	待って(接続形)
	待った(過去形)	待ったら(仮定形)
	待て(命令形)	待てば(条件形)
	待てる(可能形)	
	待とう(意志.勧誘形)	

死ぬ(基本形)	死なない(否定形)	死ななかった(過去否定形)
	死なせる(使役形)	死なれる(受身形)
	死にます(丁寧形)	死にたい(希望形)
	死んだり(例示形)	死んで(接続形)
	死んだ(過去形)	死んだら(仮定形)
	死ね(命令形)	死ねば(条件形)
	死ねる(可能形)	
	死のう(意志.勧誘形)	

呼ぶ(基本形)	呼ばない(否定形)	呼ばなかった(過去否定形)
	呼ばせる(使役形)	呼ばれる(受身形)
	呼びます(丁寧形)	呼びたい(希望形)
	呼んだり(例示形)	呼んで(接続形)
	呼んだ(過去形)	呼んだら(仮定形)
	呼べ(命令形)	呼べば(条件形)
	呼べる(可能形)	
	呼ぼう(意志. 勧誘形)	

読む(基本形)	読まない(否定形)	読まなかった(過去否定形)
	読ませる(使役形)	読まれる(受身形)
	読みます(丁寧形)	読みたい(希望形)
	読んだり(例示形)	読んで(接続形)
	読んだ(過去形)	読んだら(仮定形)
	読め(命令形)	読めば(条件形)
	読める(可能形)	
	読もう(意志. 勧誘形)	

乗る(基本形)	乗らない(否定形)	乗らなかった(過去否定形)
	乗らせる(使役形)	乗られる(受身形)
	乗ります(丁寧形)	乗りたい(希望形)
	乗ったり(例示形)	乗って(接続形)
	乗った(過去形)	乗ったら(仮定形)
	乗れ(命令形)	乗れば(条件形)
	乗れる(可能形)	
	乗ろう(意志. 勧誘形)	

<table>
<tr><td rowspan="8">見る(基本形)</td><td>見ない(否定形)</td><td>見なかった(過去否定形)</td></tr>
<tr><td>見させる(使役形)</td><td>見られる(受身形)</td></tr>
<tr><td>見ます(丁寧形)</td><td>見たい(希望形)</td></tr>
<tr><td>見たり(例示形)</td><td>見て(接続形)</td></tr>
<tr><td>見た(過去形)</td><td>見たら(仮定形)</td></tr>
<tr><td>見ろ(命令形)</td><td>見れば(条件形)</td></tr>
<tr><td>見られる(可能形)</td><td></td></tr>
<tr><td>見よう(意志. 勧誘形)</td><td></td></tr>
</table>

<table>
<tr><td rowspan="8">着る(基本形)</td><td>着ない(否定形)</td><td>着なかった(過去否定形)</td></tr>
<tr><td>着させる(使役形)</td><td>着られる(受身形)</td></tr>
<tr><td>着ます(丁寧形)</td><td>着たい(希望形)</td></tr>
<tr><td>着たり(例示形)</td><td>着て(接続形)</td></tr>
<tr><td>着た(過去形)</td><td>着たら(仮定形)</td></tr>
<tr><td>着ろ(命令形)</td><td>着れば(条件形)</td></tr>
<tr><td>着られる(可能形)</td><td></td></tr>
<tr><td>着よう(意志. 勧誘形)</td><td></td></tr>
</table>

<table>
<tr><td rowspan="8">食べる(基本形)</td><td>食べない(否定形)</td><td>食べなかった(過去否定形)</td></tr>
<tr><td>食べさせる(使役形)</td><td>食べられる(受身形)</td></tr>
<tr><td>食べます(丁寧形)</td><td>食べたい(希望形)</td></tr>
<tr><td>食べたり(例示形)</td><td>食べて(接続形)</td></tr>
<tr><td>食べた(過去形)</td><td>食べたら(仮定形)</td></tr>
<tr><td>食べろ(命令形)</td><td>食べれば(条件形)</td></tr>
<tr><td>食べられる(可能形)</td><td></td></tr>
<tr><td>食べよう(意志. 勧誘形)</td><td></td></tr>
</table>

変える(基本形)	変えない(否定形)	変えなかった(過去否定形)
	変えさせる(使役形)	変えられる(受身形)
	変えます(丁寧形)	変えたい(希望形)
	変えたり(例示形)	変えて(接続形)
	変えた(過去形)	変えたら(仮定形)
	変えろ(命令形)	変えれば(条件形)
	変えられる(可能形)	
	変えよう(意志. 勧誘形)	

来る(基本形)	こない(否定形)	こなかった(過去否定形)
	こさせる(使役形)	こられる(受身形)
	きます(丁寧形)	きたい(希望形)
	きたり(例示形)	きて(接続形)
	きた(過去形)	きたら(仮定形)
	こい(命令形)	くれば(条件形)
	こられる(可能形)	
	こよう(意志. 勧誘形)	

する(基本形)	しない(否定形)	しなかった(過去否定形)
	します(丁寧形)	したい(希望形)
	したり(例示形)	して(接続形)
	した(過去形)	したら(仮定形)
	しろ(命令形)	すれば(条件形)
	できる(可能形)	
	しよう(意志. 勧誘形)	

勉強する(基本形)	勉強しない(否定形)	勉強しなかった(過去否定形)
	勉強させる(使役形)	勉強される(受身形)
	勉強します(丁寧形)	勉強したい(希望形)
	勉強したり(例示形)	勉強して(接続形)
	勉強した(過去形)	勉強したら(仮定形)
	勉強しろ(命令形)	勉強すれば(条件形)
	勉強できる(可能形)	
	勉強しよう(意志. 勧誘形)	

● イ形容詞活用形

大きい(基本型)	大きかった(過去形)	大きかったら(条件形)
	大きかったり(例示形)	大きかろう(推量形)
	大きく(副詞形)	大きくて(中止形)
	大きくない(否定形)	
	大きくなかった(過去否定形)	
	大きければ(条件形)	
	大きいです(丁寧形)	大きいだろう(推量形)
	大きいなら(仮定形)	大きさ(名詞形)

暑い(基本型)	暑かった(過去形)	暑かったら(条件形)
	暑かったり(例示形)	暑かろう(推量形)
	暑く(副詞形)	暑くて(中止形)
	暑くない(否定形)	
	暑くなかった(過去否定形)	
	暑ければ(条件形)	
	暑いです(丁寧形)	暑いだろう(推量形)
	暑いなら(仮定形)	暑さ(名詞形)

よい(基本型)	よかった(過去形)	よかったら(条件形)
	よかったり(例示形)	よかろう(推量形)
	よく(副詞形)	よくて(中止形)
	よくない(否定形)	
	よくなかった(過去否定形)	
	よければ(条件形)	
	よいです(丁寧形)	よいだろう(推量形)
	よいなら(仮定形)	よさ(名詞形)

ない(基本型)	なかった(過去形)	なかったら(条件形)
	なかったり(例示形)	なかろう(推量形)
	なく(副詞形)	なくて(中止形)
	なくはない(否定形)	
	なくはなかった(過去否定形)	
	なければ(条件形)	
	ないです(丁寧形)	ないだろう(推量形)
	ないなら(仮定形)	なさ(名詞形)

● ナ形容詞活用形

きれいだ(基本型)	きれいだろう(推量形)	きれいだった(過去形)
	きれいだったら(仮定条件形)	
	きれいで(中止形)	きれいでない(否定形)
	きれいでなかった(過去否定形)	
	きれいな(連体形)	きれいなら(仮定形)
	きれいに(副詞形)	
	きれいさ(名詞形)	きれいです(丁寧形)

<table>
<tr><td rowspan="7">しずかだ(基本型)</td><td>しずかだろう(推量形)</td><td>しずかだった(過去形)</td></tr>
<tr><td>しずかだったら(仮定条件形)</td><td></td></tr>
<tr><td>しずかで(中止形)</td><td>しずかでない(否定形)</td></tr>
<tr><td>しずかでなかった(過去否定形)</td><td></td></tr>
<tr><td>しずかな(連体形)</td><td>しずかなら(仮定形)</td></tr>
<tr><td>しずかに(副詞形)</td><td></td></tr>
<tr><td>しずかさ(名詞形)</td><td>ずかです(丁寧形)</td></tr>
</table>

박윤옥

日本 東京学芸(도쿄가쿠게이) 대학교 석사
日本 帝京(데쿄) 대학교 박사 수료
일본 문부성 초청 일본 국비유학생
충북대, 인천대, 한신대, 백석대 외래교수
현) 평택대, 한밭대 외래교수

오하요 포인트 일본어

초판 1쇄 발행 _ 2020년 2월 1일
초판 2쇄 발행 _ 2021년 8월 20일

저　　자 · 박 윤 옥
발 행 인 · 정 현 걸
발　　행 · 신 아 사
인　　쇄 · 현대문화사
출판등록 · 1956년 1월 5일 (제9-52호)
주　　소 · 서울특별시 은평구 통일로 59길 4 (2층)
전　　화 · 02)382-6411 · 팩스 02)382-6401
홈페이지 · www.shinasa.co.kr
E-MAIL · shinasa@daum.net

ISBN 978-89-8396-375-8 (93730)

정가 13,000원